WE DEMAND AN FEPC LAW NOW!
WE MARCH FOR JOBS FOR ALL NOW!
CIVIL RIGHTS FULL EMPLOYMENT FREEDOM
WE MARCH FOR
WE DEMAND EQUAL RIGHTS NOW!
NO U.S. DOUGH TO HELP JIM CROW GROW
WE MARCH FOR HIGHER
WE MARCH FOR
UAW SAYS JOBS and FREEDOM FOR
WE MARCH FOR EFFECTIVE CIVIL RIGHTS LAWS NOW!
WE DEMAND AN END TO POLICE BRUTALITY NOW!
WE DEMAND AN END TO BIAS NOW!
UAW SAYS
UAW
UAW SAYS: PASS A LAW REQUIRING THE DEPARTMENT OF JUSTICE TO ENFORCE JUSTICE through CIVIL RIGHTS SUITS

CIVIL RIGHTS PLUS FULL EMPLOYMENT EQUALS FREEDOM
WE MARCH FOR
NEGRO BENEVOLENT
WE DEMAND
WE MARCH FOR FIRST CLASS CITIZENSHIP NOW!
WE DEMAND AN END TO POLICE BRUTALITY NOW!

UA

SOMMAIRE

LES NOIRS AMÉRICAINS
EN MARCHE POUR L'ÉGALITÉ

Pap Ndiaye

DÉCOUVERTES GALLIMARD
HISTOIRE

FROM THE PLANTATION TO THE SENATE.

Au lendemain de la guerre de Sécession, les quatre millions de Noirs affranchis espéraient devenir des citoyens à part entière. Durant quinze ans, ils participèrent activement à la vie politique en votant ou en se faisant élire. Mais les sudistes blancs n'avaient pas renoncé au pouvoir et à partir des années 1880, ils s'efforcèrent par tous les moyens de priver les Noirs du droit de vote et de leurs libertés si chèrement acquis. Le printemps démocratique avait fait long feu.

CHAPITRE 1

DE L'ESPOIR À L'EXCLUSION

L'élection de Noirs au Congrès pendant la Reconstruction suscita un immense espoir chez les Afro-Américains. Des lithographies célébraient l'accession des anciens esclaves aux instances parlementaires (page de gauche). Mais les faits allaient démontrer aux Noirs qu'il ne suffisait pas d'être affranchis pour être libres et que les nostalgiques du vieux Sud pouvaient leur rendre la vie « pire que l'esclavage » (ci-contre, membres du Klan et de la White League terrorisant deux Noirs).

La fin de l'esclavage

Freedom, la liberté ! Dans tout le sud des États-Unis, bien avant que ne retentissent les derniers coups de canon de la guerre de Sécession en 1865, ce mot était sur les lèvres des quatre millions d'esclaves. Dans une déclaration retentissante, le 1er janvier 1863, le président Abraham Lincoln, fondateur du Parti républicain, avait promis l'abolition de l'esclavage en cas de victoire de l'Union, et la liberté immédiate aux esclaves qui parviendraient d'ores et déjà à échapper à leurs maîtres pour rejoindre les armées nordistes. Avec cette « Proclamation d'émancipation », c'était la liberté qui constituait désormais le but de guerre principal et officiel de l'Union plutôt que la défense de l'intégrité du territoire national, mise à mal par la sécession du Sud, et au nom de laquelle le Nord avait pris les armes en 1861. Le conflit avait commencé comme une guerre de restauration ; il se terminait comme une guerre révolutionnaire.

Les esclaves n'avaient pas attendu passivement la fin du conflit : ils y avaient pris une part active en refusant d'obéir aux maîtres, en rechignant au travail, parfois en désertant les plantations et en désorganisant par

En dépit des risques, notamment celui d'être faits prisonniers et massacrés par les soldats du Sud, les hommes noirs affluaient dans les lieux de recrutement (ci-dessous, affiche invitant les Noirs à rejoindre un régiment d'infanterie de Pennsylvanie).

À partir de 1862, lorsqu'il devint évident que les perspectives de victoire rapide sur le Sud n'étaient plus que des chimères et que les combats se firent particulièrement sanglants, il s'avéra plus difficile de recruter des soldats. Faire de l'émancipation l'objectif central de l'Union devait donc pemettre d'enrôler des dizaines de milliers de soldats noirs. De fait, à la fin de la guerre, 179 000 soldats (soit 10 % des effectifs totaux) et 19 000 marins noirs servaient dans l'armée de l'Union. 40 000 d'entre eux moururent, dont 10 000 au feu. Même s'ils furent moins envoyés en première ligne que les troupes blanches, en raison des préjugés de l'état-major, les soldats « de couleur » (en bas, à gauche, le 4e régiment d'infanterie noire) se comportèrent vaillamment, et même héroïquement, comme à la bataille de Fort-Wagner, où le 54e régiment de volontaires du Massachusetts perdit la moitié de ses hommes De retour chez eux, les soldats furent accueillis avec des transports de liesse par leurs familles, comme à Little Rock dans l'Arkansas (ci-dessus).

là même l'économie du Sud, en pleine déconfiture en 1865. Les hommes avaient rejoint les lignes nordistes pour s'enrôler et contribuer vaillamment à la défaite de la Confédération. L'esclavage se délita donc avant la cessation des hostilités. C'était bien l'objectif de Lincoln. Son engagement de 1863 se traduisit juridiquement par le 13e amendement à la Constitution, voté en décembre 1865 : après deux cent cinquante ans d'existence, l'esclavage était désormais interdit sur le territoire des États-Unis d'Amérique.

Les « Codes noirs »

Les nouveaux affranchis accueillirent leur libération par une explosion d'allégresse et d'émotion. Des fêtes étaient organisées un peu partout, on se rendait visite en profitant de la possibilité inouïe de voyager à sa guise. Des retrouvailles émouvantes avaient lieu entre époux, parents et enfants, frères et sœurs, jadis séparés par les ventes. À leurs yeux, il n'était plus question de travailler sous les ordres d'un maître ou d'un régisseur détesté. Les affranchis entendaient user de leur liberté comme bon leur semblait. Mais la question de leur statut se posait : quels droits politiques leur accorder ?

Les anciens propriétaires étaient déterminés à limiter au minimum les conséquences de l'abolition. En 1865, les assemblées sudistes, encore contrôlées par les élites locales, votèrent des lois tyranniques connues sous le nom de *Black Codes*, les « Codes noirs ». Dans le Mississippi, par exemple, il était précisé que les Noirs avaient interdiction de quitter les plantations sans permission, qu'ils pouvaient être fouettés, que l'alcool leur était interdit, etc. En Caroline du Sud, la loi indiquait que les ouvriers noirs devaient être appelés *servants*, et qu'il leur fallait travailler du lever au coucher du soleil, six jours sur sept, au service de *masters*, comme au bon temps de l'esclavage ! Bref, comme les nordistes le comprirent rapidement, l'abolition ne suffisait pas à garantir les droits.

Le Congrès affirme les droits civiques

Les Codes noirs soulevèrent l'indignation dans le Nord et furent annulés par le Congrès, à forte majorité républicaine, qui affirma la citoyenneté des anciens esclaves par la loi pour les droits civiques de mars 1866, reprise la même année dans le 14e amendement : celui-ci précisait que les citoyens américains étaient dotés de droits égaux et supprimait la représentation au Congrès fédéral des États n'accordant pas le droit de vote aux anciens esclaves. Pour enfoncer le clou, le 15e amendement, ratifié en 1870, interdisait toute remise en cause du droit de vote au motif de la race, de la couleur de peau ou d'une condition passée de servitude. S'y ajouta la loi sur les droits civiques de 1875

Au sortir de la guerre de Sécession, les anciens propriétaires d'esclaves espéraient maintenir les formes de travail contraint héritées de l'esclavage (ci-dessous, porteurs de balles de coton sous les ordres du régisseur muni de son bâton vers 1860). Malgré tout, les conditions de travail de la plupart des Noirs s'améliorèrent.

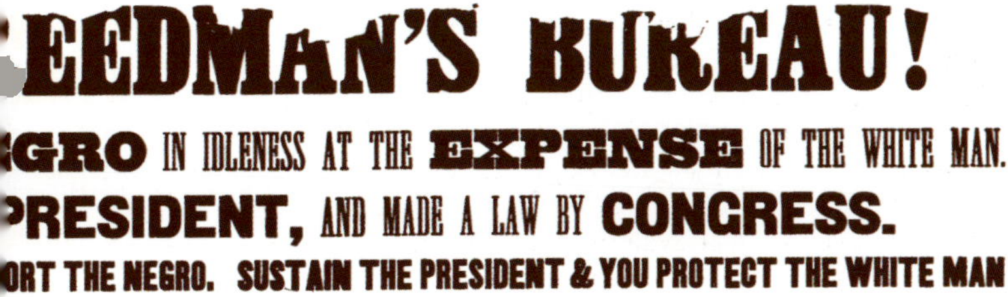

prohibant la ségrégation dans les lieux publics. Voilà qui était important, même si le législateur écarta des mesures plus radicales, comme une loi foncière de redistribution générale des terres, qui aurait transformé en profondeur la société sudiste. En revanche, le Freedman's Bureau (le « Bureau des affranchis »), une agence militaire chargée d'aider les anciens esclaves, créé en mai 1865, déçut généralement ces derniers. Le Bureau n'avait pas assez de moyens humains et financiers pour faire autre chose que distribuer une aide alimentaire, avant son démantèlement partiel puis complet en 1872. À l'exception de quelques milliers de familles qui s'installèrent sur des portions de terres fédérales, de médiocre qualité et parcimonieusement accordées, et de ceux qui avaient quelques économies (accumulées secrètement pendant l'asservissement) et qui purent ainsi acquérir des terres, la plupart des anciens esclaves n'avaient pas d'autre possibilité que de s'établir comme métayers (*sharecroppers*), contractuellement liés à leurs anciens maîtres.

En 1865, le Sud était une région économiquement dévastée. Beaucoup de Noirs affranchis, libres, mais sans aucun moyen de subsistance, se mirent à arpenter les routes à la recherche de travail. C'est pour répondre à cette situation que le Congrès vota la création du Freedman's Bureau, destiné à aider les esclaves libérés à se réinsérer et à faire respecter leurs droits. Sa charte prévoyait d'accorder à chacun des quatre millions de Noirs émancipés « 40 acres et un mulet ». Il n'en fut rien. Très vite, le Bureau fit l'objet de critiques farouches (ci-dessus, affiche du Parti démocrate publiée en 1866 dénonçant qle fait que « l'Agence avait pour objet d'encourager le nègre à la paresse aux dépens de l'homme blanc »). Initialement créé pour un an, le Bureau fut prolongé par le Congrès, malgré le veto du président Johnson, très conciliant avec les sudistes, qui avait succédé à Lincoln, assassiné le 14 avril 1865.

Figure importante de la vie politique des anciens esclaves, le métis Blanche K. Bruce (1841-1898 ; ci-contre) fut sénateur républicain du Mississippi de 1875 à 1881. Ancien esclave, né en Virginie d'un père blanc esclavagiste et d'une mère domestique noire, il devint après-guerre éducateur, puis planteur, avant de s'engager en politique. Il fut, avec H. Revels, l'un des deux sénateurs noirs du sud des États-Unis pendant la Reconstruction. Le premier vote des anciens esclaves en 1867 fut largement relayé par la presse de l'époque (ci-dessus, la couverture du *Harper's Weekly*).

Adieu les espoirs de « quarante acres (seize hectares) et une mule » pour toutes les familles, entretenus par la charte de fondation du Freedman's Bureau ! Par la suite, à force d'économies, davantage de familles afro-américaines purent devenir propriétaires de leurs terres : 2 % d'entre elles exploitaient en faire-valoir direct en 1870, puis 21 % en 1890 et 24 % en 1910.

La « loi de Reconstruction » et l'entrée en politique des affranchis

Afin de faire respecter la loi fédérale, le Sud fut placé sous administration militaire. Par la « loi de Reconstruction » de 1867, les anciens États confédérés (à l'exception du Tennessee, le seul d'entre eux à avoir ratifié le 14e amendement, et à avoir été réadmis au Congrès), furent répartis en cinq districts militaires placés sous le commandement de généraux en charge de superviser le processus de normalisation politique.

Dans chaque État, les hommes noirs furent inscrits sur les listes électorales, ce qui entraîna la réadmission progressive des États du Sud au Congrès fédéral entre 1866 et 1870. Avec une partie de l'électorat blanc, les électeurs noirs, majoritaires dans de nombreuses régions, fournirent les gros bataillons du Parti républicain, fondé par Lincoln, installé au pouvoir dans les États concernés. Entre 1870 et 1876, 633 Noirs furent élus aux législatures d'États (dont 190 pour la seule Caroline du Sud), dix-sept au Congrès fédéral (dont deux sénateurs noirs qui représentaient le Mississippi) et bien d'autres à des postes moins en vue, comme shérif ou maire. Beaucoup de Noirs étaient membres d'une association, l'Union League, proche du Parti républicain, initialement créée dans le Nord pendant la guerre pour soutenir la cause de l'Union. Après-guerre, la League avait étendu ses activités dans tout le Sud. On disait qu'en Caroline du Sud, qui comptait quatre-vingt-huit sections locales de la League, presque tous les Noirs en étaient membres.

Des intérêts de classe divergents pouvaient défavoriser les Noirs pauvres. En Caroline du Sud par exemple, la plupart des hommes politiques noirs

Les Congrès des États du Sud (Chambres des représentants et Sénats) comptaient de nombreux élus afro-américains dans leurs rangs, plus particulièrement en Caroline du Sud, où la population était en majorité noire. Le 6 janvier 1874, Robert B. Elliot (1842-1884), porte-parole républicain noir à la Chambre des représentants de Caroline du Sud, prononça un discours éloquent sur les droits civiques, sous la bannière étoilée des États-Unis symbolisant la réadmission de cet État dans l'Union en 1868 (ci-dessous).

étaient issus de familles de Charleston depuis longtemps libres, et donc assez peu ouvertes aux revendications sociales des métayers noirs. Il n'empêche : la vie politique des affranchis était d'une grande vitalité. Des congrès étaient organisés, qui rassemblaient des dizaines, parfois des centaines de délégués, pour débattre de la situation politique et sociale et envisager des résolutions : création de syndicats agricoles, d'écoles, de milices pour tenir en respect les partisans du pouvoir blanc.

Deux membres cagoulés du Ku Klux Klan, sans doute photographiés dans l'Alabama, une des places fortes des milices terroristes.

Intimidations et menaces

Il fallait bien du courage à ces électeurs et élus noirs, car les intimidations, les menaces, étaient monnaie courante ! Les cagoulés du Ku Klux Klan, fondé dans le Tennessee en 1865, sous la houlette d'anciens officiers sudistes, dont le général Nathan Bedford Forrest, premier « Grand Sorcier impérial » de l'« Empire invisible », entendaient reconquérir par la violence ce que la guerre et les urnes leur avaient ôté : la suprématie blanche dans le Sud. Des électeurs noirs étaient enlevés nuitamment, fouettés, parfois pendus, les élus noirs et leurs alliés blancs faisaient l'objet de menaces. Les chefs du Klan étaient des représentants des élites locales (propriétaires terriens anciens propriétaires d'esclaves, marchands, juristes, médecins), mais le gros des troupes était composé de petits Blancs

aux haines recuites, apeurés par les changements en cours.

Le Congrès réagit en votant des sanctions visant le Klan et d'autres organisations terroristes, tels The Knights of the White Camelia, et autorisant l'armée à procéder à des arrestations. De fait, à partir de 1872, l'organisation du Klan était virtuellement détruite, mais il subsistait encore une nuée de milices locales plus ou moins virulentes, comme la White League de Louisiane ou les Red Shirts de Caroline du Sud.

"ONE VOTE LESS."

Le désengagement progressif des républicains nordistes

Or le gouvernement américain était de plus en plus réticent à intervenir pour protéger les Noirs et leurs alliés républicains blancs, les *scalawags*. Dans le Nord, beaucoup d'anciens partisans de l'abolition estimaient que le gouvernement en avait déjà bien assez fait pour les Noirs, et que la réconciliation avec les sudistes blancs était prioritaire pour le développement économique du pays. Cela pouvait être le cas y compris dans les rangs du Parti républicain. En effet, il est douteux que ses dirigeants aient cherché à favoriser le monde politique noir du Sud, lui préférant des représentants blancs élus par des Noirs.

Bref, les Noirs comprirent qu'ils ne devaient compter que sur eux-mêmes. Ici et là, ils s'organisèrent en milices pour se défendre contre le Klan et les milices blanches. Des militants de l'Union League – constituant une cible de choix pour le Klan –

Le premier Ku Klux Klan n'était qu'une société secrète parmi bien d'autres, dans les lendemains troublés de la guerre de Sécession. Il rassemblait une poignée de nostalgiques du Sud esclavagiste, qui se distinguaient déjà par des rituels élaborés – parades au flambeau et port de robes et cagoules blanches ornées de signes astrologiques. Certains membres du Klan n'hésitaient pas à poser pour des photos à visage découvert, en costume civil (au centre, coiffés d'un chapeau à tête de mort). L'une des premières préoccupations de ces milices fut de décourager le vote noir par tous les moyens, y compris le meurtre, comme l'illustre ce dessin du *Harper's Weekly* paru en 1868 sous ce titre : « Un vote de moins ».

voyageaient à travers tout le Sud pour organiser la résistance. Certaines sections de l'Union League, dans le Mississippi et les Carolines, organisèrent des patrouilles paramilitaires engagées dans des bras de fer locaux avec le Klan. Souvent, les électeurs noirs allaient voter un fusil en main ou un couteau en poche. Les escarmouches étaient nombreuses, comme à Vicksburg, Mississippi, en 1874, où une bataille de plusieurs jours entre la milice blanche des White Liners et les Noirs causa la mort de vingt-neuf de ces derniers. Les troupes fédérales rétablirent l'ordre et réinstallèrent dans ses fonctions le shérif noir Peter Crosby, mais dans cette ville comme dans bien d'autres, le rapport de forces était désormais favorable aux miliciens blancs, qui paradaient dans les rues avec des torches, intimidaient et tuaient les hommes politiques noirs de la région.

Le moment décisif survint à la suite de l'élection présidentielle de 1876. Très disputée et controversée, cette élection fut finalement remportée par le républicain Rutherford Hayes à la suite d'un compromis informel passé avec le camp démocrate, qui stipulait qu'en contrepartie de l'élection du républicain, les troupes fédérales seraient retirées du Sud. Hayes tint parole, de sorte que son installation à la Maison-Blanche se fit au détriment des Noirs, qui se retrouvèrent abandonnés par le gouvernement, jusque-là garant de leurs droits. Dans le Sud, la voie était désormais libre pour le retour au pouvoir des démocrates conservateurs, appelés les *Redeemers*, qui allaient tenir les anciens États confédérés pendant presque un siècle.

Les intimidations envers les électeurs noirs étaient monnaie courante. Les partisans de la suprématie blanche voulaient les décourager de voter républicain, en leur interdisant d'entrer dans le bureau de vote, ou en les forçant à voter démocrate. Là où les milices blanches étaient les plus actives, les Noirs n'avaient pas de vrai choix. Certains restaient chez eux, d'autres se cachaient pour ne pas être menacés, d'autres malgré tout se risquaient à exercer leurs droits civiques, mais en vain (ci-dessus, élection locale de 1875 dans le Mississippi).

Des changements positifs au-delà de la déception

Avec la fin de la Reconstruction, les portes de la liberté se refermèrent progressivement devant les Noirs. La déception et l'amertume prirent le pas sur l'espoir immense suscité douze ans plus tôt par la défaite militaire des confédérés. Certes, aux yeux de la quasi-totalité des Afro-Américains, tout valait mieux que l'esclavage ! Le métayage, même s'il n'équivalait pas au travail en faire-valoir direct, permettait au moins de s'organiser différemment du travail en équipe (le *gang system* abhorré) qui rappelait trop l'esclavage, et aussi d'échapper à la morsure du fouet. Et puis, des changements très positifs étaient à noter en matière d'éducation et de pratique religieuse.

Pendant l'esclavage, les Noirs n'avaient pas eu le droit d'apprendre à lire et écrire – même si certains y parvenaient clandestinement –, tant leurs maîtres craignaient que l'alphabétisation n'encourageât les idées séditieuses et les projets de fuite. Désormais, l'école était prioritaire aux yeux des affranchis, qui réclamaient des classes, des maîtres et des livres.

Les premières écoles, qu'ils avaient souvent construites eux-mêmes, furent prises d'assaut par les

Durant les années qui suivirent la guerre, les anciens esclaves étaient très désireux de s'instruire. Le Bureau des affranchis favorisa la construction de nombreuses écoles, où on enseignait aux enfants le jour et parfois aux parents le soir. On estime à 250 000 le nombre d'élèves vers 1870. Les Églises méthodiste et baptiste participèrent elles aussi activement à la création d'écoles noires. Les bâtiments étaient des constructions précaires dont l'aspect ne changea guère jusque dans les années 1950 (ci-dessus, école rurale vers 1916). L'alphabétisation des Noirs progressa vite malgré la modestie des moyens.

affranchis, qui s'y rendaient en famille pour apprendre. Dans les premières années, des missionnaires venus du Nord s'acquittèrent de tâches d'enseignement, avant d'être progressivement remplacés par des maîtres d'école noirs, formés dans les écoles normales régionales qui s'ouvrirent à la fin du siècle et qui étaient financées par des institutions philanthropiques. En 1900, on comptait 28 560 maîtres d'école et plus d'un million et demi d'enfants noirs scolarisés. Quelques milliers de jeunes gens firent aussi des études supérieures dans des établissements noirs nouvellement fondés, en général par des missionnaires. C'était le cas de Fisk University, créée en 1866 à Nashville (Tennessee), qui finança en partie sa construction grâce aux fonds levés par la célèbre troupe de chanteurs de spirituals, les Fisk Jubilee Singers. Ou bien de l'Augusta Institute, fondé à Atlanta (Géorgie) en 1867, avant d'être rebaptisé Morehouse College en 1913, ou encore de

En 1871, les débuts des Fisk Jubilee Singers furent difficiles, tant le public blanc des petites villes du Nord était peu habitué à la musique noire religieuse. Assez vite, le talent du groupe (ci-dessus) et la qualité de son répertoire de spirituals, dont le célèbre *Swing Low, Swing Chariot*, lui assurèrent une grande notoriété. Ces anciens esclaves donnèrent un concert à la Maison-Blanche, avant de partir en tournée européenne, où ils chantèrent devant des cours royales, dont celle d'Angleterre : « Ce sont de vrais nègres qui chantent extrêmement bien ensemble », écrivit la reine Victoria. Leurs livrets de spirituals (ci-contre), connurent un grand succès et les popularisèrent.

Howard University, établie en 1867 à Washington. Vers 1900, on comptait environ deux mille Noirs diplômés de l'enseignement supérieur.

La pratique religieuse

Un autre changement notable était relatif à la pratique religieuse : celle-ci n'avait pas été interdite pendant l'esclavage, mais les maîtres voulaient la contrôler étroitement. Depuis la seconde moitié du XVIIIe siècle et le début du XIXe siècle, la majorité des esclaves des États-Unis s'était convertie au christianisme, en conservant des religions africaines des croyances et des pratiques originales. Bien des esclaves participaient aux « églises invisibles », ces cérémonies organisées la nuit à l'insu des maîtres. Des cérémonies différentes des offices chaperonnés par les maîtres, en ce que les pasteurs choisissaient dans la parole biblique des messages de délivrance, comme le récit de Moïse menant son peuple vers la Terre promise, plutôt que la litanie, habituelle chez les Américains protestants, de la dénonciation de la dépravation et de l'immoralité des hommes. Aux sermons d'obéissance, ils préféraient les paroles de compassion et la promesse d'une délivrance prochaine. Les services religieux faisaient appel à l'émotion, aux sentiments, exprimés par la danse et la musique, et permettaient d'établir un lien personnel avec Dieu, considéré comme un libérateur et un ami.

Dans la continuité des « églises invisibles », dès la fin de la guerre de Sécession, les Églises

Les Églises jouèrent un rôle décisif dans le processus de construction communautaire des Noirs américains, en particulier les baptistes et les méthodistes. Les paroisses, même les plus reculées (ci-dessous, église rurale de Louisiane vers 1900), étaient des lieux de sociabilité et d'entraide d'une importance capitale. Les pasteurs, même s'ils étaient parfois illettrés et peu au fait de la théologie, offraient une aide spirituelle, organisaient souvent la résistance à la ségrégation, représentaient leurs fidèles auprès des autorités, fournissaient des services d'assistance aux pauvres, et géraient des orphelinats et des écoles.

noires s'organisèrent spontanément, avant de se regrouper à la fin du siècle en associations nationales, dont les plus importantes étaient, et demeurent, l'African Methodist Episcopal Church et la National Baptist Convention. Les écoles et les églises noires étaient souvent visées par le Klan et les milices blanches : plusieurs centaines d'entre elles, symboles de liberté et d'espoir, furent incendiées nuitamment, tandis que les maîtres d'école et les pasteurs étaient battus.

La perte progressive des droits civiques

En dépit des changements, il n'en était pas moins évident que la déception l'emportait chez les Afro-Américains. Voilà que les esclavagistes, ceux-là mêmes que Lincoln avait voulu chasser, redressaient la tête, revenaient aux affaires, décidés à prendre leur revanche. Ces derniers accusaient les administrations républicaines locales et nationale de corruption (parfois à juste titre), d'incompétence et de dépenses inconsidérées. Outre la violence, il existait d'autres moyens de décourager les électeurs noirs : des bureaux de vote inaccessibles, des bourrages d'urnes, etc.

Progressivement, dans la seconde moitié des années 1870 et dans les années 1880, les motifs de privation des droits civiques se multiplièrent, ainsi que les *poll taxes*, ces impôts locaux qu'il fallait acquitter pour pouvoir voter. Les circonscriptions furent découpées et redécoupées pour amoindrir le vote

À la fin de sa vie, l'ancien esclave et militant abolitionniste Frederick Douglass (1818-1895 ; en bas) ne cessa de dénoncer la privation des droits civiques dont les Noirs étaient victimes. Lui qui avait tant espéré de l'abolition et s'était tant battu pour elle, qui était devenu la personnalité politique noire la plus en vue de son époque, ne pesa pas lourd face aux sudistes revanchards qui organisaient cette confiscation et aux nordistes indifférents qui laissaient faire. En 1883, il déclara lors d'un discours à Louisville dans le Kentucky : « Notre liberté n'est qu'un mot, notre citoyenneté qu'une comédie, et notre droit de vote qu'une cruelle moquerie. »

noir. En 1882, une loi de Caroline du Sud eut pour effet de multiplier les urnes dans les bureaux de vote, de manière à tromper les électeurs peu au fait de la procédure, d'autant qu'il était interdit d'aider les hésitants. Tous les subterfuges étaient bons pour écarter les Noirs et aussi les Blancs pauvres.

Péril supplémentaire, à partir de la fin des années 1870, une alliance, préjudiciable aux intérêts des élites, se dessina, dans un contexte de baisse des prix agricoles et de dépression économique, entre petits agriculteurs blancs et noirs, le plus souvent métayers et fermiers, au sein du « mouvement agrarien ». Celui-ci se développa dans les années 1880, en réclamant des aides de l'État, le recours au chemin de fer pour abaisser le coût de transport des produits agricoles, et en fustigeant les gros marchands et les industriels qu'ils jugeaient responsables de la crise agricole. Dans le droit-fil des agrariens, s'esquissa la constitution d'un « front de classe », dans le cadre du Parti populiste, qui avait été fondé en 1876.

L'essor du métayage transforma la vie des affranchis (page de gauche, famille de métayers en Virginie en 1898). Les quartiers d'esclaves avaient disparu et l'habitat était composé de petites maisons en bois dispersées au milieu des champs (ci-dessus, en Alabama vers 1902). Les planteurs, qui se vantaient autrefois de leur paternalisme, prêtaient désormais peu d'attention aux Noirs, dont ils n'attendaient que le paiement régulier de leur dû. Nombre de métayers ne survivaient que grâce à des prêts usuriers et s'enfoncèrent dans le « péonage » (servitude pour dettes).

La détérioration des conditions de vie dans le Sud rural au cours des dernières années du XIXe siècle amorça un mouvement migratoire vers certaines grandes villes du Sud comme Atlanta, Birmingham ou La Nouvelle-Orléans, et même, pour les plus intrépides, vers les grandes villes du Nord. À l'orée du XXe siècle, un quart de la population noire du Sud vivait ainsi en zone urbaine où elle habitait dans des quartiers réservés aux gens de couleur (page de gauche en haut et ci-contre, en Louisiane). Les hommes héritaient des travaux de force les plus ingrats et les femmes des emplois domestiques qui leur laissaient peu de temps libre pour s'occuper de leur famille. Les liens familiaux, distendus pendant l'esclavage en raison des ventes séparant les familles, s'étaient resserrés après la guerre de Sécession, grâce notamment au développement des transports publics, en particulier du chemin de fer. Les réunions dominicales devinrent courantes (page de gauche, en bas dans le Mississippi vers 1890) et les deux grandes fêtes annuelles déjà célébrées du temps de l'esclavage, Thanksgiving et Noël, permettaient à celles et ceux qui travaillaient loin de chez eux d'y retourner pour quelques jours.

L'alliance des élites et des classes populaires blanches

Les populistes, des petits Blancs exaspérés, n'étaient pas favorables aux droits des Noirs, tant s'en faut. On trouvait parmi eux des membres actifs des milices les plus violentes, mais ils cherchèrent tactiquement la coopération des Afro-Américains en mettant en avant les intérêts communs des petits contre les gros. Face à cette menace, les élites choisirent alors de se rapprocher des classes populaires blanches en éliminant radicalement les Noirs par des dispositifs juridiques variés. Leur exclusion procéda donc d'une alliance politique entre, d'une part, les grands propriétaires terriens, les industriels et les gros négociants et, d'autre part, les Blancs pauvres en concurrence économique directe avec les Noirs. On garantit à ces « petits Blancs » que les mesures de déchéance des droits civiques ne s'appliqueraient pas à eux, en échange de leur ralliement au Parti démocrate et du retour à l'ordre.

Il fallait cependant composer avec le 15e amendement, qui garantissait en principe les droits politiques des anciens esclaves et de leurs descendants. Qu'à cela ne tienne : le problème fut résolu, d'abord dans le Mississippi, en 1890, dont la majorité de la population était noire. Pour voter, il fallait lire et comprendre la Constitution de l'État et s'acquitter d'une *poll tax* de 2 dollars. La Caroline du Sud suivit en 1895, puis la Louisiane en 1898, qui ajouta une condition originale : la « clause du grand-père », qui stipulait que seuls étaient électeurs les hommes dont les pères ou grands-pères pouvaient voter au 1er janvier 1867, ce qui excluait pratiquement tous les Noirs. Dans ce

Les anciens États confédérés de la guerre de Sécession (en foncé sur la carte ci-dessous) mirent petit à petit en place la ségrégation et privèrent les Noirs de leurs droits civiques, notamment de leur droit de vote.

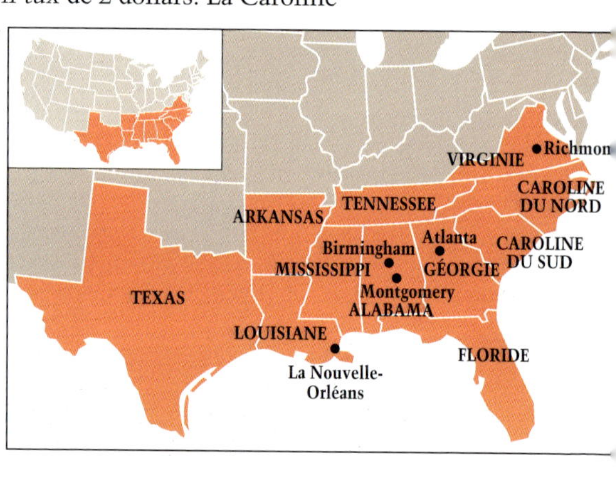

dernier État, en 1896, on comptait 130 344 électeurs noirs ; ils n'étaient plus que 5 320 en 1900. Vers 1910, dans les États du Sud et dans l'Oklahoma voisin, l'immense majorité des Noirs avait ainsi été privée du droit de vote (*disenfranchisement*). Les partisans de cette exclusion expliquaient que les Noirs constituaient une race inférieure indigne de participer à la vie politique, incapable d'en saisir les complexités. Ce processus n'alla pas sans résistances : celle des hommes politiques noirs, qui s'élevèrent contre leur mise à l'écart et en appelèrent, en vain, au gouvernement national ; celle de la population noire en général. En 1898 à Wilmington (Caroline du Nord), en 1906 à Atlanta, des émeutes éclatèrent à propos du droit de vote des Noirs, faisant de nombreuses victimes. Mais la suprématie blanche était désormais assurée, et avec elle celle d'un régime de parti unique, le Parti démocrate, entraînant la fin de la Reconstruction, ce très tourmenté printemps des libertés dans le sud des États-Unis.

La politique d'intimidation envers les électeurs noirs pouvait aller jusqu'à l'homicide. En 1898, lors de l'émeute de Wilmington, une milice blanche commit de nombreux meurtres et détruisit le siège du *Daily Record*, le journal noir local (ci-dessus), qui dénonçait les lynchages. Le rédacteur en chef, Alex Manly, parvint à s'enfuir, tandis que le maire républicain était destitué et remplacé par un milicien. L'ordre de la « suprématie blanche » régnait de nouveau dans le Sud.

En légalisant la doctrine « séparés mais égaux », l'arrêt Plessy rendu par la Cour suprême en 1896 marqua le point d'orgue du processus de ségrégation des Noirs entamé quinze ans plus tôt. Très vite, il s'avéra que les effets concrets de cette doctrine étaient plutôt de faire appliquer strictement la « séparation » que de faire respecter l'« égalité ».

CHAPITRE 2

« SÉPARÉS MAIS ÉGAUX »

Aux quelques années d'embellie qui suivirent la guerre de Sécession succéda une ère de ségrégation régie par les lois « Jim Crow », durant laquelle émergea néanmoins une classe moyenne noire (page de gauche, famille d'un professeur du Tuskegee Institute). L'appellation « Jim Crow » venait d'une chanson populaire de 1828 ridiculisant un Noir infirme du même nom (ci-contre), qui en vint à désigner péjorativement les Noirs en général jusqu'au milieu du XXe siècle.

Mr T. RICE

Les lois « Jim Crow »

Progressivement, à partir des années 1880, les Noirs ne furent pas seulement écartés de la vie politique, mais aussi séparés socialement des Blancs par les lois « Jim Crow ». La loi de 1875 qui interdisait en principe la ségrégation fut déclarée inconstitutionnelle en 1883 par la Cour suprême, au motif qu'elle interférait avec les droits des individus.

La ségrégation s'organisa d'abord dans les trains, les tramways et les bateaux, puis d'autres lieux publics – jusques et y compris les toilettes –, les écoles et les lieux de résidence. Les pancartes où était inscrit « *Whites only* » ou « *colored* » se multiplièrent dans les années 1880. Il existait des règlements pour en définir la taille et la couleur. Certains d'entre eux précisaient dans le moindre détail les conditions de ségrégation dans les hôpitaux, les hospices, les orphelinats. En Caroline du Sud et dans le Mississippi, seules des infirmières noires pouvaient s'occuper de patients noirs. Ce qui pouvait jouer contre les intérêts des Blancs eux-mêmes : ainsi, à Memphis en 1927, une automobiliste blanche mourut de ses blessures au bord de la route, car les ambulanciers étaient noirs et n'avaient pas le droit de toucher une femme blanche. Jusqu'en 1942, la Croix-Rouge sépara le sang « noir » du sang « blanc » – un patient ne pouvait recevoir d'autre sang que celui d'une personne de même couleur. Une loi de Louisiane stipulait en 1914 que les cirques, les zoos et les cinémas devaient observer un écart minimal de 7,5 mètres entre les différents guichets, tandis qu'en Caroline du Nord et en Floride, il fallait que les manuels scolaires, réutilisés d'une année sur l'autre,

Les similitudes entre l'apartheid sud-africain et la ségrégation « Jim Crow » frappèrent les contemporains, ainsi Maurice Evans, un Sud-Africain voyageant au début du XXe siècle dans le sud des États-Unis : « La séparation des races dans tous les domaines y est aussi rigoureuse qu'en Afrique du Sud... » Effectivement, en dépit de l'arrêt de la Cour suprême de 1875, il existait bien aux États-Unis deux classes de citoyens, définies par leur couleur de peau, et qu'on entendait garder à distance. En Alabama, la loi prévoyait ainsi que « les conducteurs de trains de voyageurs devaient assigner à chaque passager le wagon ou compartiment qui lui était destiné selon sa couleur » (ci-dessus, illustration satirique).

Les saloons étaient bien entendu ségrégués, comme l'illustre cette photographie prise à Atlanta au tout début du XXe siècle. Le principe de séparation allait parfois à l'encontre des intérêts économiques. Ainsi les compagnies de tramways n'étaient-elles pas favorables au principe des wagons séparés, dont certains risquaient de se trouver vides aux heures de pointe. Ils furent donc ouverts à tous, avec une ligne invisible et mouvante séparant les Noirs (au fond) des Blancs (devant).

soient entreposés séparément pour éviter toute confusion. Les plages et les piscines étaient ségréguées. Dans certaines piscines, les Noirs n'avaient droit qu'à un jour par semaine, la veille du nettoyage, tant on craignait une contamination des eaux. À La Nouvelle-Orléans les prostituées devaient respecter la barrière raciale, tandis qu'à Atlanta des ascenseurs pour Blancs et d'autres pour Noirs étaient obligatoires, ce qui n'était pas le cas dans l'Oklahoma, dont les cabines téléphoniques, en revanche, étaient distinctes ! La ségrégation dans le Sud était faite d'un enchevêtrement de lois et de coutumes. Ce maquis juridique créait parfois des situations ubuesques, notamment dans les transports. Ainsi les gares de Caroline du Nord ne prévoyaient-elles pas de ségrégation pour les fontaines publiques, contrairement à celles du Tennessee. Le voyageur noir distrait qui se trompait de fontaine, ou de salle d'attente, ou de compartiment, ou de wagon, ou de toilettes, encourait une remontrance, parfois une arrestation, souvent des coups.

Des préjugés racistes tenaces

Pour la plupart des observateurs, deux sociétés, l'une noire, l'autre blanche, se trouvaient séparées par un mur d'hostilité et de méfiance. « Nous sommes voisins, et pourtant étrangers. Même entre les Blancs les plus éclairés et les Noirs, il n'y a plus de communication, plus d'échanges de vues », écrit un Noir de Caroline du Nord au début du XXe siècle.

Dans leur écrasante majorité, les Américains blancs pensaient que les Noirs étaient fondamentalement différents et inférieurs en intelligence et en caractère. Les préjugés racistes étaient quotidiennement confirmés et légitimés par des sommités de la science et de la politique. Journaux et magazines regorgeaient d'articles informés sur la supériorité des Anglo-Saxons, sur la hiérarchie des races et l'aspect méprisable des Noirs. Rares étaient les anthropologues, comme Franz Boas à l'université de Columbia, bien isolé au début du XXe siècle, qui réfutaient la hiérarchie raciale. On mettait en garde contre la *miscegenation*, c'est-à-dire le mélange des races, tant on craignait, à l'instar de Gobineau, la contamination raciale de la race supérieure. Des lois interdisant les mariages « mixtes » existaient depuis

À partir de 1870, les caricatures visant à démontrer l'incapacité intellectuelle et morale des Noirs à exercer les activités les plus communes devinrent très courantes dans la presse, y compris dans le Nord. La série des *Darktown comics* compte parmi les plus connues : ci-dessus, un débat politique entre deux Noirs tourne en une rixe confuse.

longtemps dans la plupart des États du Sud (dès le XVIIIe siècle pour certains), puis se généralisèrent par la suite pour concerner vingt-neuf États (en pratique tous ceux peuplés d'au moins 5 % de Noirs). Il était laissé à chaque État le soin de déterminer qui était une personne de couleur et qui ne l'était pas. En Caroline du Nord, l'appréciation de la présence de « sang noir » était visuelle, tandis qu'en Virginie, sa voisine, un pourcentage était stipulé : en l'occurrence un quart de « sang noir » au minimum. Chaque État ajoutait des précisions plus ou moins baroques : en Arizona, le mariage était tout simplement interdit aux mulâtres, tandis que le Mississippi, le Missouri, l'Oregon et l'Ohio le prohibaient entre Blancs et « Mongols », et le Dakota du Sud entre Blancs et

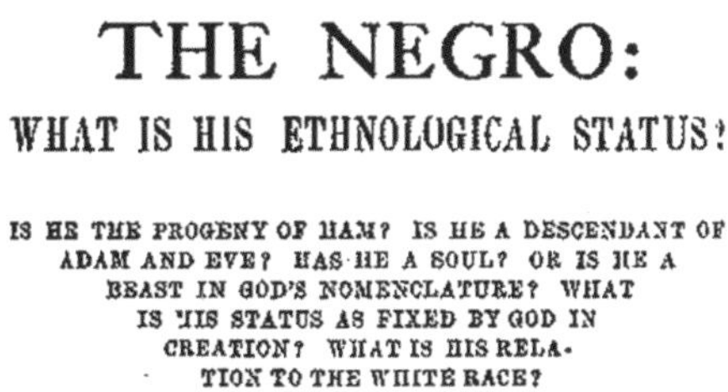
THE NEGRO:

WHAT IS HIS ETHNOLOGICAL STATUS?

IS HE THE PROGENY OF HAM? IS HE A DESCENDANT OF ADAM AND EVE? HAS HE A SOUL? OR IS HE A BEAST IN GOD'S NOMENCLATURE? WHAT IS HIS STATUS AS FIXED BY GOD IN CREATION? WHAT IS HIS RELATION TO THE WHITE RACE?

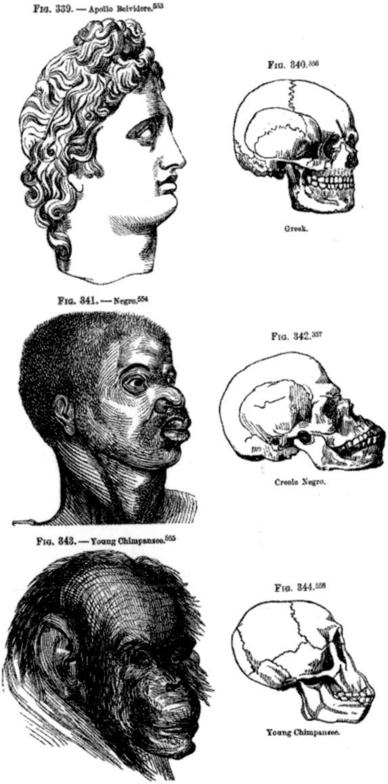

« Coréens », ces derniers étant remplacés par les « Hindous » en Arizona, par les « Chinois », les « Japonais » ou les « Philippins » ailleurs !

La multiplication des lynchages

Parallèlement à la mise en place de la ségrégation, les lynchages se multiplièrent à partir du début des années 1890. Ils avaient été très rares pendant l'esclavage et dans les quinze années qui suivirent la guerre de Sécession. Le premier Ku Klux Klan, celui des années 1866-1872, avait eu recours au fouet, rarement au meurtre. Or, après 1890, dans les quatorze États du Sud, près d'une centaine de

La phrénologie, née au début du XIXe siècle avec les études de Franz Joseph Gall, entendait discerner les capacités intellectuelles des êtres humains en fonction de la forme du crâne. Elle servit d'argument scientifique pour établir une hiérarchisation des races et démontrer la « bestialité » de la race noire, placée au voisinage des espèces animales (ci-dessus, planche parue dans un article du phrénologue J. C. Nott en 1854).

personnes furent lynchées chaque année en moyenne (75 % d'entre elles étaient noires, un pourcentage qui s'éleva à 90 % au XXe siècle, d'après une étude statistique portant sur 2 805 des 4 743 lynchages dans le sud des États-Unis entre 1882 et 1958).

Les lynchages punissaient des infractions supposées, généralement des accusations de viol ou de manque de respect à l'égard d'une femme blanche : un regard de travers pouvait coûter cher. Ils renforçaient les sentiments de solidarité raciale dans la population blanche et terrorisaient la population noire. Ils étaient particulièrement nombreux dans les régions à faible densité de population, avec peu de moyens de communication, et visaient surtout des Noirs pauvres, des étrangers récemment installés ou de passage dans la région, sans soutiens locaux, y compris parmi les Noirs. Une fragile paix sociale était ainsi préservée au prix de la pendaison de pauvres hères, sacrifiés rituellement sans procès, pour des motifs fallacieux, devant des autorités goguenardes et complices. Cela était également vrai ailleurs que dans le Sud, en particulier dans le Middle West.

Following is the comparative number of lynchings for the two years.

State	1907	1906
Alabama	13	5
Arkansas	3	4
Colorado	—	1
Florida	—	6
Georgia	6	9
Indian Territory	2	1
Iowa	1	—
Kentucky	1	3
Louisiana	8	9
Maryland	2	1
Mississippi	12	13
Missouri	—	3
Nebraska	1	—
North Carolina	—	5
Oklahoma	2	—
South Carolina	1	2
Tennessee	1	5
Texas	3	6
Totals	56	73

Of those lynched in 1907, 49 were Negro men, three Negro women and four white men. By methods:

Hanging	31
Shot to death	17
Hanged and shot	3
Shot and burned	
Beaten to death	
Kicked to death	

The offences for which these men
range from stealing seventy-five ce
girls over the telephone, to rape and

For being father of boy who jostled white
For being victor over white man in fight
Attempted murder
Murder of wife
Murder of husband and wife
Murder of wife and stepson
Murder of mistress
Manslaughter
Accessory to murder
Rape
Attempted rape
Raping own stepdaughter
For being wife and son of a raper
Protecting fugitive from posse
Talking to white girls over telephone
Expressing sympathy for mob's victim
Three-dollar debt
Stealing seventy-five cents
Insulting white man
Store burglary

La légalisation de la ségrégation

Le renforcement de la ségrégation s'opéra avec la complicité passive du gouvernement fédéral, et même, en 1896, l'approbation de la plus haute instance judiciaire, la Cour suprême, dans son célèbre arrêt « Plessy v. Ferguson ». L'arrêt procéda d'une loi votée en 1890 par l'État de Louisiane visant à séparer Noirs et Blancs dans les trains. À la suite de quoi une association s'était créée pour faire abroger cette disposition. En 1892, à son instigation, Homer Plessy, un mulâtre, monta intentionnellement dans un wagon de la compagnie East Louisiana Railroad réservé aux Blancs : pour cela – c'était le but de l'opération –, Plessy fut arrêté et emprisonné.

Les lynchages n'étaient pas clandestins : annoncés dans la presse, les différentes étapes du supplice étaient souvent photographiées (ci-dessous, carriole emmenant un homme, entouré de ses quatre bourreaux, vers le lieu de son lynchage, 1899), y compris pour en faire des cartes postales ou des images de collection (ci-dessus). Dès 1890, les opposants aux lynchages établirent des statistiques qui fournissaient leur nombre, les motifs des « crimes » et les méthodes d'exécution : pendaison, coups ou fusillade (page de gauche, données pour les années 1906-1907). Les lynchages se perpétrèrent jusque dans les années 1950…

Une procédure judiciaire s'ensuivit, conclue par la Cour suprême : elle trancha en faveur de l'État de Louisiane (représenté par le juge Ferguson), en estimant que les droits de Plessy, garantis par les 13e et 14e amendements, n'avaient pas été bafoués, puisque, d'après les juges, il n'y avait pas de différence entre wagons « noirs » et « blancs ». Faisant fi de la loi de 1875, la Cour suprême déclarait donc que la ségrégation était constitutionnelle à condition que des « conditions égales » fussent offertes à chaque race. L'arrêt « Plessy v. Ferguson » constitua un encouragement puissant au durcissement de la ségrégation, en accordant « à la violence raciale la majesté de la loi ».

Bien entendu, seul le principe de la séparation fut mis en œuvre, le principe d'égalité étant ignoré : dans les écoles blanches par exemple, les enfants étudiaient dans de bien meilleures conditions et sous l'autorité de professeurs mieux formés et payés que dans les écoles noires. En 1900, pour deux dollars dépensés pour l'éducation d'un enfant noir, trois l'étaient pour un enfant blanc, et même sept en 1930. Au moins y avait-il des écoles noires, ce qui valait mieux que rien du tout, estimaient certains Afro-Américains.

En 1895, à Atlanta, Booker T. Washington, (1856-1915 ; ci-dessous) prononça un discours dans lequel il exposa sa philosophie en matière sociale et raciale. Pour lui, l'égalité sociale et politique était moins importante dans un premier temps que l'indépendance et la respectabilité économique. Cette position lui valut d'être qualifié d'« Oncle Tom » par beaucoup de Noirs exaspérés par la soumission à l'ordre établi qu'il affichait. Mais elle lui permit de se faire entendre des plus hautes instances blanches du Sud comme du Nord. Le 17 octobre 1901, il fut invité par le président Roosevelt à déjeuner à la Maison-Blanche (ci-contre, image souvenir).

Quel moyen employer pour lutter contre la ségrégation ?

Pour Booker T. Washington, grand pédagogue noir de l'époque, la solution de rechange à la ségrégation n'était pas l'intégration, mais la création d'institutions ouvertes aux Noirs. Il valait donc mieux, selon lui, coopérer avec les Blancs de manière à

améliorer progressivement les institutions noires plutôt que de lutter sans espoir contre la ségrégation, que même la Cour suprême approuvait. Né esclave en Virginie en1856, Washington avait suivi les cours de l'école normale Hampton après guerre, avant de rejoindre en 1881 le Tuskegee Institute dans l'Alabama, qu'il dirigea jusqu'à sa mort en 1915. Cet institut mit en pratique les principes de Washington : inculquer aux jeunes Noirs une instruction pratique, leur apprendre des métiers manuels qui leur permettraient d'être acceptés par les Blancs et d'améliorer progressivement la situation de leur communauté en restant à leur place, dans les campagnes du Sud. Washington, grâce à ses talents d'organisateur et d'orateur et au soutien d'un solide réseau de politiciens et d'hommes d'affaires (dont Julius Rosenwald, le dirigeant de la firme de vente par correspondance Sears), était devenu la personnalité noire la plus influente du début du XXe siècle ; il était reçu partout, y compris, grande première pour un homme noir, à la Maison-Blanche en 1901 par Theodore Roosevelt – au grand dam des démocrates sudistes.

En 1872, Washington parcourt à pied quelque 600 km pour rejoindre le Hampton Normal & Agricultural Institute, la première école normale pour Noirs des États-Unis (ci-dessus, classe de « nutrition » en 1899). Fondée en 1868 par Samuel C. Armstrong, elle forma près d'un millier de jeunes gens, garçons et filles, durant la première décennie de son existence, des étudiants noirs en grande majorité, mais aussi des Amérindiens. La formation d'instituteurs afro-américains était perçue comme prioritaire dans l'effort d'alphabétisation des anciens esclaves et de leurs descendants. C'est là que Washington développa ses théories sur l'éducation.

FIELD WORK, TUSKEGEE
367

En 1881, Booker T. Washington prend la tête du Tuskegee Institute, une autre école normale pour instituteurs noirs fondée par un ancien esclave, Lewis Adams. Dix ans plus tard, grâce à sa persévérance, Tuskegee s'est transformé en un vaste campus de 2 km^2 qui accueille quatre cents étudiants et comprend de nombreux ateliers de travaux manuels (typographie, en bas à gauche, et confection de matelas, à droite). En 1896, grâce au Slater Fund for Negro Education, Washington mobilise les fonds nécessaires à l'ouverture d'une école d'agriculture (en haut à gauche) indépendante. Il en confie la direction à George Washington Carver (1864-1943), ancien esclave devenu un biologiste et un botaniste très réputé, qui encouragea la culture de l'arachide et de la patate douce, dont il était un expert (ci-contre, dans le laboratoire de chimie). Après la mort de Washington en 1915, le Tuskegee Institute poursuivit son essor. Il accueillit notamment la première école d'aviateurs noirs pendant la Seconde Guerre mondiale, qui forma près d'un millier de jeunes afro-américains entre 1942 et 1946, les Tuskegee Airmen. En 1985, l'institut est devenu l'université Tuskegee.

En public, il se gardait bien de condamner les lois « Jim Crow », ce qui lui avait valu l'estime des partisans blancs de la ségrégation, mais on sait depuis qu'en sous-main, il contribuait secrètement à des démarches juridiques contre l'ordre racial sudiste.

Le point de vue ouvertement accommodant de Washington n'était pas partagé par tous : beaucoup de Noirs du Sud ne cessèrent de contester ouvertement la ségrégation. Des meetings de protestation se tenaient aux risques et périls des participants. Mais c'est surtout le sociologue W. E. B. Du Bois (1868-1963) qui attaqua politiquement Washington, en particulier dans son fameux recueil d'essais, *The Souls of Black Folk* (1903). Il y fustigeait son approche conciliante, qui équivalait à un consentement à l'injustice, ainsi que son dédain de l'enseignement supérieur pour les Noirs. Pour Du Bois, il fallait une élite intellectuelle noire, capable d'améliorer la situation de la communauté, d'autant que bien des métiers traditionnels chers à Washington (maréchal-ferrant, charpentier, briquetier) étaient sur le point de disparaître avec l'industrialisation et la mécanisation des campagnes.

La relance du combat pour les libertés civiles et politiques

En juin 1905, lors d'une rencontre à Niagara Falls au Canada (une ville qui avait accueilli de nombreux esclaves en fuite par le passé), Du Bois et un groupe de jeunes Afro-Américains fondèrent le Niagara Movement, qui réclamait l'égalité des droits et la liberté de parole. Le Niagara Movement se réunit en 1906 à Harpers Ferry (là où John Brown, militant abolitionniste, avait été exécuté à la veille de la guerre de Sécession), à Boston (capitale de l'abolitionnisme) en 1907, et à Oberlin (Ohio) en 1908.

L'année suivante, les jeunes activistes du Niagara Movement furent conviés à un congrès organisé par des réformateurs sociaux, qui souhaitaient commémorer le centième anniversaire de la naissance de Lincoln et dénoncer le sort fait aux Noirs dans leur pays, y compris à Springfield (Massachusetts), lieu d'une émeute raciale, en août 1908 : « Nous appelons tous ceux qui croient en la démocratie à participer à

The Souls of Black Folk (*Les Âmes du peuple noir*) est l'occasion pour Du Bois d'exprimer son profond désaccord avec Booker T. Washington : « M. Washington

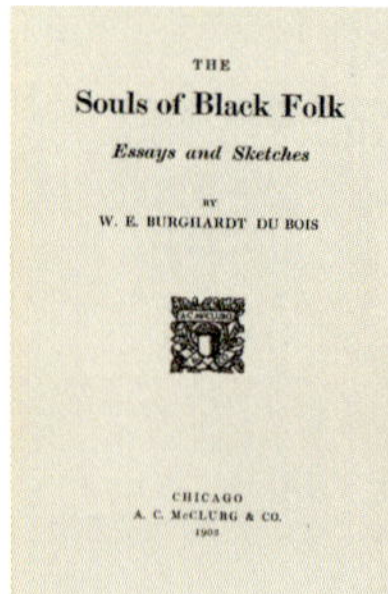
THE

Souls of Black Folk

Essays and Sketches

BY

W. E. BURGHARDT DU BOIS

CHICAGO

A. C. McCLURG & CO.

demande explicitement aux Noirs d'abandonner, au moins pour un temps trois choses – un : le pouvoir politique ; deux : la revendication des droits civiques ; trois : l'instruction supérieure pour la jeunesse noire – et de concentrer toute leur énergie sur l'éducation technique [...]. En réponse à cette offre de paix, qu'est-ce que le Noir a obtenu ? Un : la privation de ses droits civiques ; deux : la création légale d'un statut distinct d'infériorité civile ; trois : l'abandon complet de toute aide institutionnelle pour sa formation universitaire. Bien sûr, cette évolution n'est pas le résultat direct de l'enseignement de M. Washington, mais il ne fait pas l'ombre d'un doute que sa propagande en a hâté la réalisation. »

une conférence nationale pour discuter des maux contemporains, faire entendre les protestations, et relancer le combat pour les libertés civiles et politiques. » Les participants, dont la réformatrice Jane Addams, le philosophe John Dewey, et Du Bois, décidèrent de créer une association pour mettre fin à la ségrégation, faire respecter les 14e et 15e amendements et promouvoir la justice.

En mai 1910, la National Association for the Advancement of Colored People (NAACP) vit le jour officiellement. Du Bois, le seul Afro-Américain parmi ses dirigeants, était responsable de la propagande et

Le Niagara Movement, lancé par vingt-neuf délégués venus de quatorze États (ci-contre, photo des fondateurs en juillet 1905 à Fort Erie) eut la vie courte. En effet, le mouvement se dissout lors de la fondation de la NAACP (Association nationale pour l'émancipation des gens de couleur) cinq ans plus tard. Il entendait s'opposer à la ségrégation et à la perte des droits civiques ainsi qu'aux politiques conciliantes promues par les leaders afro-américains de l'époque, comme Booker T. Washington. En 1910, la NAACP porta ses combats sur le terrain judiciaire. Une de ses premières campagnes visait à faire interdire les lynchages en promouvant une loi fédérale. Du matériel militant fut créé à cet effet : affiches, tracts et badges (ci-dessus, badge « Stop Lynching » de 1919).

de la recherche. À ce titre, il avait en charge la revue mensuelle de l'association, *The Crisis*. En quelques années, sous son magistère, *The Crisis* atteignit cent mille exemplaires et devint la publication de référence sur le monde afro-américain.

Le rôle des actions juridiques et des intellectuels

Parallèlement, la NAACP menait des actions juridiques visant à faire annuler des décisions relatives à la ségrégation et au droit de vote. Ce fut le cas en 1915, lorsque la Cour suprême, dans son arrêt « Guinn v. United States » déclara inconstitutionnelle, puisque contraire au 15e amendement, la clause « du grand-père » dans les Constitutions du Maryland et de l'Oklahoma. Ce qui ne changea rien en pratique dans les États concernés, qui usèrent d'un autre

Seul Noir américain à obtenir un doctorat de Harvard en 1895, Du Bois (ci-dessus, dans son bureau d'Atlanta University en 1909) fut l'intellectuel et militant afro-américain le plus important de la première moitié du XXe siècle, auteur de dizaines d'ouvrages et de milliers d'articles. À Atlanta University où il enseigna de 1897 à 1910, il créa le département de sociologie, où il revint enseigner de 1934 à 1944. Entre-temps, il assura la direction de la revue *The Crisis* (ci-contre). Dans le premier numéro il écrivit qu'il se battrait pour les droits de tous les hommes, quelle que soit leur couleur ou leur race.

expédient pour exclure les Noirs des bureaux de vote, mais l'approche judiciaire plaçait tout de même les partisans de la ségrégation sur la défensive, permettait d'obtenir des victoires tactiques et affinait les arguments des juristes de l'association, en attendant des jours meilleurs. Toutefois le carcan de la ségrégation était si solidement en place vers 1910 que nul n'en prévoyait l'abolition.

Entre 1896 et 1914, Du Bois organisa à l'université d'Atlanta, où il enseignait alors, la « Conference on Negro Problems » (le « congrès sur les problèmes des Noirs »), qui donna la parole à des spécialistes de questions urbaines, d'éducation, etc. Épaulés par les universités noires récemment fondées, des intellectuels, écrivains et artistes noirs y travaillaient et faisaient connaître leurs travaux. La vieille génération avait ouvert la voie, avec l'ancien esclave et militant abolitionniste Frederick Douglass, qui publia en 1881 ses Mémoires à succès, *The Life and Times of Frederick Douglass*, suivis en 1900 de l'autobiographie de Booker T. Washington, *Up from Slavery*, un autre grand succès de librairie. Le premier historien afro-américain fut George Washington Williams.

La presse noire prit également son essor à cette époque. Il existait une multitude de publications hebdomadaires et mensuelles locales, dont les titres étaient évocateurs : le *Baltimore Crusader*, l'*Austin Searchlight*, l'*Albany Iconoclast*, etc. Cette presse fournissait des informations communautaires et politiques, et constituait la principale source d'information de la population noire, dont une partie croissante était alphabétisée : en 1900, moins de la moitié des Noirs étaient illettrés, contre 80 % en 1870. Mais c'est la fondation du *Chicago Defender*, en 1905, qui donna une impulsion décisive à cette presse.

En 1900, Du Bois prépara une exposition sur la condition noire américaine au sein de la section des États-Unis à l'Exposition universelle de Paris. Des panneaux proposaient des données précises sur les situations sociales des Noirs de Géorgie (ci-dessous). Un an plus tôt était paru son *Philadelphia Negro*, une étude exhaustive d'un quartier noir de Philadelphie qui constituait la première étude scientifique sur les Noirs urbanisés, à un moment où les sciences sociales étaient encore balbutiantes. Les sociologues le considèrent comme un ouvrage fondateur, dont les méthodes statistiques, pionnières à l'époque, sont devenues classiques.

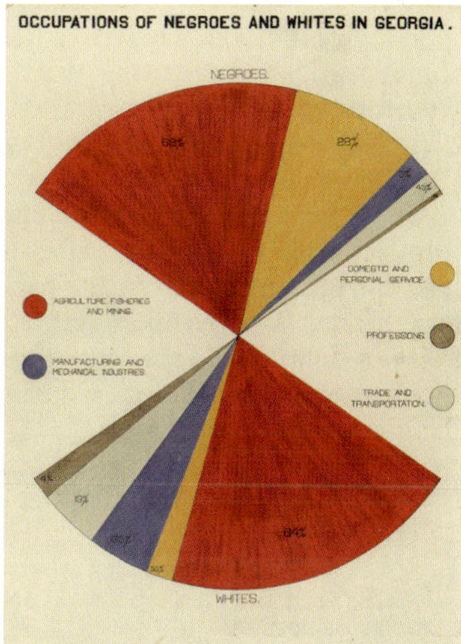

La naissance d'un capitalisme noir

La ségrégation entraîna également l'essor d'un marché de producteurs, de commerçants et de consommateurs noirs. De très nombreux commerces noirs ouvrirent à la fin du siècle : épiceries, cafés-restaurants, maisons de couture, boulangeries, salons de coiffure s'installaient dans les quartiers noirs des villes et bourgades. À un degré moindre, un groupe d'industriels et de financiers noirs apparut dans les grandes villes : des entrepreneurs en bâtiment, de pompes funèbres, des fabricants de produits de beauté, des banquiers et des assureurs qui constituaient une élite noire à même de pourvoir aux besoins des institutions charitables, des églises, des écoles, des hôpitaux, des sanatoriums, des orphelinats, des hospices, etc.

En 1900, Booker T. Washington prit l'initiative de fonder la National Negro Business League, une sorte de chambre de commerce noire comptant trois cent vingt sections locales. La première banque noire fut établie à Richmond (Virginie) en 1888, puis des dizaines de banques similaires apparurent à Washington, Chattanooga (Tennessee), Birmingham (Alabama), etc.

Madam C. J. Walker, née en Louisiane en 1867, parvint après d'humbles débuts de repasseuse, à fonder en 1906 une firme de produits capillaires pour femmes noires qui connut rapidement un grand succès. Elle mettait elle-même ses produits au point et perfectionnait parallèlement de nouvelles méthodes de vente. Dès 1910, elle employait plus de mille agents, dont une majorité de femmes

noires, qui faisaient du porte-à-porte et étaient payés à la commission. Femme d'affaires indépendante, Madam C. J. Walker conduisait elle-même ses automobiles (ci-contre). Elle se consacrait aussi à des activités philanthropiques : elle versa 5 000 dollars à la NAACP lors de la campagne contre le lynchage de 1919, et légua une partie de sa fortune à des établissements d'éducation afro-américains.

Par la suite, les plus petites firent faillite ou furent rachetées par la concurrence, mais il en subsista jusqu'aux années 1950, lorsque les grandes banques américaines s'ouvrirent à la clientèle noire, avec des conditions financières de crédit et d'épargne que les banques noires ne pouvaient consentir. De même, l'impossibilité pour les Noirs de contracter des assurances ouvrit un espace commercial pour des firmes d'assurance-vie qui leur étaient spécialement destinées et qu'ils géraient eux-mêmes. Elles se multiplièrent à partir des années 1910 avec des assises locales ou régionales. La Supreme Life Insurance Company et la Metropolitan de Chicago, l'Atlanta Life Insurance Company, rencontrèrent certes des difficultés dues au taux de mortalité plus élevé de la population noire, à une solvabilité moindre, et au fait que les Afro-Américains les plus aisés se tournèrent de plus en plus vers les grandes compagnies à partir des années 1940, mais ces firmes constituaient tout de même l'un des secteurs les plus dynamiques du capitalisme noir.

En interdisant de fait à la clientèle noire de se fournir dans des commerces blancs, la ségrégation favorisa l'émergence d'une bourgeoisie noire commerçante. Cette nouvelle classe allait financer des écoles et des églises. Ci-dessus, Alexander et Margaret Underdown posant avec deux de leurs employés devant leur épicerie, située 1742 U Street, le « Broadway noir » de Washington, en 1904. La boutique, au cœur du quartier afro-américain de la capitale fédérale, affiche tous les signes d'une affaire prospère.

Au début du XXe siècle, près des trois quarts des neuf millions de Noirs américains vivaient encore dans le Sud, où ils représentaient la moitié de la population totale. La « Grande Migration » qui débuta au moment de la Première Guerre mondiale, mena des centaines de milliers de Noirs des campagnes du Sud vers les ghettos des villes industrielles du Nord, et transforma en profondeur le monde du travail, la culture urbaine et la vie politique.

CHAPITRE 3

LA GRANDE MIGRATION

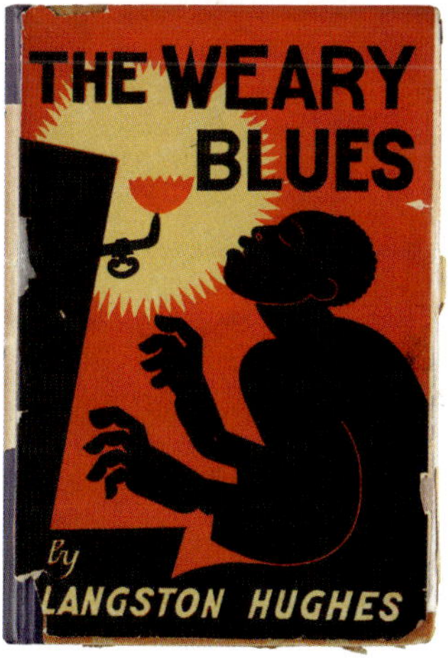

Les Noirs qui allèrent grossir les rangs des ouvriers du Nord étaient souvent employés aux tâches pénibles et dangereuses (page de gauche, boulonneurs noirs travaillant à la construction du Holland Tunnel à New York dans les années 1920). Dans le même temps, les grandes villes du Nord transformèrent la culture afro-américaine en la frottant à des réalités nouvelles. Le poète Langston Hughes publie son premier recueil de poèmes, *The Weary Blues,* en 1926.

La « Grande Migration »

La Première Guerre mondiale fut un tournant décisif. Elle eut pour conséquence immédiate de réduire des deux tiers le flux des émigrants en provenance d'Europe, au moment même où l'industrie américaine, dopée par les gigantesques commandes de guerre passées par la France et la Grande-Bretagne, avait un besoin très urgent d'ouvriers. Le gisement de main-d'œuvre représenté par les Noirs du Sud s'avéra indispensable aux yeux des industriels. La « Grande Migration », c'est-à-dire l'intensification spectaculaire du départ des Afro-Américains vers les grands centres urbains du Nord-Est et du Middle West, fut directement liée à la guerre. Encore timide en 1915, le mouvement migratoire s'accentua à partir de l'été 1916 dans des proportions qui suscitèrent l'étonnement des contemporains et s'amplifia encore avec l'entrée en guerre des États-Unis en 1917 et la mobilisation de millions de soldats qu'elle entraîna.

La situation économique constitua un autre facteur migratoire non négligeable. En effet, la plupart des métayers, fermiers et petits propriétaires noirs ne connaissaient pas les nouvelles méthodes agricoles, et n'avaient pas le capital nécessaire pour acheter du matériel. De sorte que la productivité demeurait basse, alors que les prix agricoles diminuaient depuis la fin du XIXe siècle en raison de la concurrence étrangère. Pour les métayers et les ouvriers agricoles les plus pauvres, les dettes s'accumulaient et ils n'arrivaient plus à vivre de leur travail. Dans ces conditions, l'idée de s'établir dans une ville inconnue, en dépit des risques, germait dans les têtes. Et puis, un charançon, l'anthonome, commença à infester les champs de coton à partir des années 1910, ruinant des milliers de métayers et fermiers et les poussant à partir.

Le *Chicago Defender*, grand journal noir de l'époque, milita pour la migration. Il se fit l'écho de l'ampleur du mouvement (ci-dessous, photo parue à la une le 2 septembre 1916 sous le titre « L'exode », montrant une foule attendant le train en gare de Savannah) ; il publia des propositions d'embauche dans le Nord et encouragea ses lecteurs au départ.

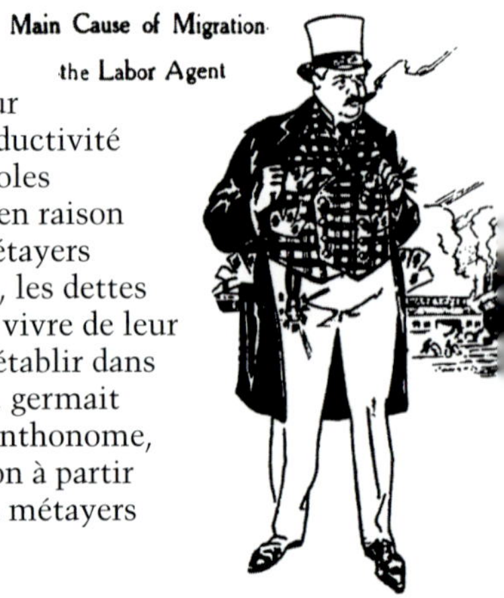

Les firmes passaient des annonces dans la presse noire du Sud, en garantissant du travail et un bon salaire, équivalant au double, voire au triple des revenus d'un ouvrier agricole. Des agents furent même dépêchés dans le Sud pour faire connaître les offres d'emploi, parfois avec des billets de train gratuits pour les volontaires. La compagnie de chemins de fer Pennsylvania Railroad embaucha douze mille Noirs, dont dix mille venaient directement de Floride et de Géorgie. Et avec eux partirent leurs familles, et aussi ceux qui dépendaient d'elles pour vivre. Des quartiers entiers étaient désertés, des plantations manquaient de bras.

Dans les régions concernées, les autorités s'alarmèrent. Ici, on tenta de décourager les agents recruteurs en leur infligeant une taxe forfaitaire de

Des familles entières partaient tenter leur chance dans le Nord (ci-dessous, famille du Sud à son arrivée à Chicago en 1922), souvent poussées par les agents recruteurs qui leur payaient le voyage (page de gauche en bas, caricature). Une fois sur place, ils écrivaient à leurs proches restés dans le Sud pour les encourager à partir en dépit des difficultés du voyage, du dépaysement et des hivers glacials. Certaines lettres furent publiées dans la presse.

EXODUS

Sur les 367 000 soldats afro-américains mobilisés entre 1917 et 1918, environ 100 000 débarquèrent en France, dont 40 000 combattirent au front. La majorité était employée à des tâches de soutien. Ces hommes de couleur servirent dans les 92e et 93e divisions, comprenant chacune plusieurs régiments, dont le plus célèbre était le 369e, formé de Noirs new-yorkais, les fameux Harlem Hellfighters (ci-contre, à leur retour à New York). L'orchestre de ce régiment contribua à populariser le jazz en France. Les troupes noires étaient ségréguées et étroitement surveillées par les officiers américains. Les soldats afro-américains étaient moins bien nourris, habillés et entraînés. Mais, de retour chez eux, ils racontèrent qu'en France la ségrégation n'avait pas cours, qu'il leur était possible de s'asseoir dans les cafés où bon leur semblait, que les commerçants les servaient. Nombre d'entre eux rejoignirent les rangs de la NAACP et s'engagèrent dans le mouvement pour les droits civiques. Dans le Sud, les partisans de la ségrégation déploraient l'insolence des vétérans noirs et s'inquiétaient des idées séditieuses qu'ils avaient rapportées de France.

1 000 dollars ; là, en menaçant et cajolant alternativement les candidats au départ, mais rien n'y faisait.

Les Noirs vont grossir les rangs des ouvriers du Nord

Entre 1916 et 1921, environ un demi-million d'Afro-Américains quittèrent donc le Sud pour s'établir dans les villes du Nord. La population noire de Chicago passa ainsi de 44 000 personnes en 1910 à 110 000 en 1920, puis 234 000 en 1930. Celle de Detroit de 6 000 âmes en 1910 à 120 000 en 1929. Après le pic de la guerre, la migration reprit de plus belle avec le vote des lois d'immigration de 1921 et 1924, qui restreignaient très sévèrement l'afflux de main-d'œuvre européenne.

Les migrants noirs travaillaient dans les industries, grandes et petites : les mines de charbon des Appalaches, les usines sidérurgiques de Pittsburgh et Gary, les chantiers navals de Philadelphie, les sous-traitants de l'automobile de Detroit, les chemins de fer et les abattoirs de Chicago, les ateliers de confection de New York, les usines de munitions de Cleveland, etc. Ils étaient affectés aux tâches les plus pénibles, les plus dangereuses, les moins payées. Certains employeurs, comme Ford à Detroit, ne voulurent pas d'eux, au moins jusqu'à la Seconde Guerre mondiale.

La grande crue du Mississippi de 1927 entraîna l'exode de dizaines de milliers de Noirs du delta vers Chicago et Detroit. En mars, les eaux furieuses du fleuve en crue firent céder les digues. L'une des plus hautes, près de Greenville, se rompit le 14 avril, précipitant une masse d'eau large de 1 km et haute de 40 m. Des milliers de gens se retrouvèrent sans logement ni ressource. Des camps de toile furent installés par la Croix-Rouge pour abriter les réfugiés noirs. Mal nourris, ils dormaient à même le sol humide et souffraient de pellagre. Hommes, femmes et enfants devaient porter une pancarte autour du cou avec leur nom et ne recevaient de nourriture qu'en échange de travaux forcés, comme à la digue de Greenville en réparation (ci-dessous).

À Pittsburgh, les usines sidérurgiques de l'US Steel, propriété d'Andrew Carnegie, embauchèrent des milliers de migrants européens et afro-américains (ci-contre). Les agents des trains Pullman étaient presque exclusivement des hommes noirs, appelés familièrement « George » par les passagers. Ils devinrent des personnages récurrents des *minstrel shows*, ces vaudevilles mettant en scène des Noirs joués par des Blancs au visage grimé, les *blackfaces* (ci-dessous).

Les ouvriers blancs voyaient souvent d'un mauvais œil l'arrivée des Noirs, accusés, tout comme d'autres migrants avant eux, de faire baisser les salaires, et de briser les grèves. Il est vrai que le patronat américain avait souvent eu recours à eux lors de conflits sociaux. Aussi les syndicats américains, regroupés dans l'AFL (l'American Federation of Labor, qui rassemblait surtout les ouvriers professionnels blancs les mieux payés), étaient pour la plupart hostiles aux Noirs, qui formèrent leurs propres syndicats, comme celui des porteurs Pullman (1925). En revanche, en 1935, la création du CIO (Congress of Industrial Organizations), plus radical et tourné vers les ouvriers peu qualifiés des industries de masse, changea la situation. Le CIO ouvrit ses portes aux femmes et aux Noirs, qui le rejoignirent en masse, d'autant qu'il promut des dirigeants

La surpopulation et les conditions de vie précaires des Noirs récemment installés favorisaient la tuberculose, première cause de mortalité dans les ghettos des grandes métropoles du Nord. Des associations d'infirmières, financées par des institutions charitables comme le Julius Rosenwald Fund, visitaient les familles pauvres (ci-dessus, à Chicago). Très reconnaissables avec leur robe bleue, leur grand chapeau et leur sac noir, elles prêtaient une attention particulière à la détection de la tuberculose et aux maladies contagieuses.

syndicaux noirs, et qu'il exprimait clairement son opposition à la ségrégation.

Une ségrégation de fait : la naissance des « ghettos »

Dans les villes du Nord, la ségrégation n'était pas imposée par la loi, mais elle existait de fait. Les Noirs vivaient dans des quartiers réservés, les *colored districts*, d'où il leur était impossible de sortir. Du Bois fut le premier à décrire un quartier noir, le Seventh Ward de Philadelphie, en montrant les discriminations systématiques dont les habitants étaient les victimes à l'embauche, et la logique d'enfermement du quartier, qui piégeait ses résidents en leur ôtant tout espoir de promotion sociale. La grande majorité des Noirs s'entassaient dans des petits logements, souvent insalubres, loués dans des immeubles vétustes. Les politiques municipales d'amélioration urbaine délaissaient les quartiers noirs : ni aires de jeux, ni parcs pour eux.

Le cas du quartier de Harlem à New York est emblématique. Jusqu'au début du XXe siècle, ce quartier résidentiel était occupé par des Juifs de la classe moyenne, qui s'en allèrent au fur et à mesure que leur situation économique s'améliora. Parallèlement, le métro atteignit Harlem en 1904, ce qui favorisa des constructions spéculatives. Mais une récession économique menaça de ruine les spéculateurs, qui se tournèrent alors vers les Noirs pour occuper les logements. Ceux d'entre eux qui étaient auparavant installés dans les 50e et 60e rues ouest commencèrent à s'installer dans le quartier, attirés par les investisseurs. Cela encouragea la fuite de la population blanche, surtout inquiète de la baisse des prix des biens immobiliers. Harlem se « noircit » donc, d'abord autour de la 135e rue, puis dans toutes les directions, si bien qu'en 1930, le Harlem noir avait ses frontières historiques : 110e rue au sud, 155e au nord, Amsterdam Avenue à l'ouest, Park Avenue à l'est.

L'essor de la population noire de Harlem se fit donc dans un périmètre restreint. Le quartier comptait 84 000 personnes en 1920, puis au moins 200 000 en 1930 (soit les deux tiers des habitants de couleur de la ville). Moins d'un quart étaient nées à New York, les deux tiers venaient du Sud, et les 18 % restant des Caraïbes. Dans ce prototype du « ghetto » moderne régnaient la pauvreté, le surpeuplement et les logements dégradés infestés de maladies. Le taux de mortalité atteignait 16,5 pour 1 000 contre 11,4 dans l'ensemble de la ville – une différence d'autant plus notable que la population de Harlem était jeune. L'accès aux soins était limité : quelques dispensaires ouverts par la mairie (City Health Department) ou par des associations à partir de 1915, et aucune école construite entre 1914 et 1937.

Le South Side, quartier sud de Chicago, devint à la fin des années 1920 le plus grand ghetto noir des États-Unis. Jouxtant les quartiers irlandais, italien, polonais et lituanien, il en était néanmoins bien distinct. En dépit des conditions de vie difficiles et de la ségrégation rigoureuse qui leur était imposée, les Noirs du South Side étaient attachés à leur quartier et ne songeaient pas à le quitter pour retourner dans le Sud profond. Dans ce quartier délaissé par les autorités municipales, seules des associations caritatives fournissaient un semblant de services publics. C'était le cas de la Young Men's Christian Association, bien implantée à Chicago, qui organisait régulièrement des campagnes de ramassage d'ordures, auxquelles les enfants participaient (ci-dessus, en 1919).

La Harlem Renaissance

La migration entraîna l'émergence d'une culture urbaine noire originale, qui s'ancrait dans les pratiques culturelles venues du Sud tout en se mêlant créativement à d'autres, issues des mondes migrants, européens en particulier. Des musiciens de jazz venus de La Nouvelle-Orléans, comme Sidney Bechet, Freddie Keppard, Lee Collins, King Oliver, et Louis Armstrong s'établirent dans le Stroll, le quartier d'amusement et de sorties du South Side de Chicago. Leur style musical s'en trouva changé : les arrangements, la construction mélodique s'affinèrent, le phrasé se fit plus coulé, et leur musique se popularisa grâce aux enregistrements. New York devint aussi une ville d'élection du jazz, dans des clubs comme le Cotton Club ou le Savoy, qui donnaient à entendre des grands orchestres de jazz, et où se produisirent Duke Ellington et Cab Calloway.

La Harlem Renaissance ne fut pas seulement un mouvement littéraire (ci-dessous, de gauche à droite, les écrivains Langston Hughes, Charles S. Johnson, E. Franklin Frazier, Rudolph Fisher et Hubert Delaney, en 1924). De nombreux artistes participèrent à cette effervescence culturelle qui battit son plein jusqu'à la crise de 1929 : des peintres, des musiciens et des dessinateurs, dont Aaron Douglas (1898-1979), très influencé par l'art ouest-africain et égyptien, qui réalisa plusieurs couvertures de la revue *The Crisis* (ci-contre, le numéro de mai 1929).

Du côté de la littérature, un mouvement original émergea après la Grande Guerre : baptisé Harlem Renaissance, ce groupe d'écrivains entendait, au moyen de romans, poèmes, pièces de théâtre, essais littéraires et philosophiques, exposer et dénoncer les situations de racisme et d'exclusion vécues par les Noirs, en même temps que reformuler l'héritage culturel afro-américain dans un nouvel environnement urbain. Harlem s'imposa alors comme la capitale culturelle et intellectuelle noire américaine, mondialement connue. Du Bois s'y était établi avec sa revue *The Crisis*, et en même temps que bien d'autres écrivains, venus du Sud ou des Caraïbes.

Dans les arts du spectacle aussi, les Afro-Américains étaient présents. Les comédiens noirs étant bannis des grands théâtres new-

yorkais depuis le début du XXe siècle (en dépit du souvenir d'Ira Aldridge, célèbre comédien shakespearien du siècle précédent), des théâtres noirs, tel le Lincoln Theater, apparurent à Harlem à la fin des années 1910. Plus tard, des comédiens noirs, comme Charles Gilpin et Paul Robeson, franchirent la barrière raciale en jouant dans des pièces d'Eugene O'Neill, notamment. Mais ce sont probablement les comédies musicales noires qui étaient les plus populaires. Un spectacle marquant fut *Shuffle Along*, écrit, produit et interprété par des Noirs, qui triompha à New York et ailleurs pendant trois ans. D'autres comédies musicales noires suivirent, avec des chanteurs et comédiens brillants, telle Florence Mills, avant que la Grande Dépression ne mît les activités artistiques des Harlemites sous l'éteignoir.

Les ghettos formaient des mondes socialement stratifiés. Si la grande majorité de ses habitants était pauvre, on y trouvait aussi une bourgeoisie noire d'hommes d'affaires, d'avocats, de professeurs et de médecins, très consommatrice de livres et de spectacles. Cette élite noire vivait notamment dans le quartier de Sugar Hill, au nord de Harlem (ci-dessus, deux élégantes en promenade sur Lenox Avenue).

Au début des années 1920, les cabarets et les dancings de Harlem devinrent célèbres pour leurs spectacles. Ceux-ci reproduisaient les stéréotypes de l'époque, en dépeignant les Noirs dans la jungle africaine ou dans les plantations sudistes tout en proposant une musique novatrice qui subvertissait les codes racistes et faisait swinguer le public. Au Cotton Club, le plus célèbre d'entre eux, les orchestres « maison » de Duke Ellington puis Cab Calloway, et les concerts de Count Basie, Ella Fitzgerald ou Louis Armstrong (ci-dessus) faisaient accourir le Tout-New York... blanc, car les spectateurs noirs n'étaient pas les bienvenus. Parmi les spectateurs assidus, on comptait le chanteur et acteur Al Jolson (1886-1950), grand amateur de jazz, célèbre pour ses rôles de *blackface*. Il joua dans le premier film parlant, *The Jazz Singer* (1927), puis dans *The Singing Kid* (1936) (ci-contre).

Les premières émeutes raciales dans le Nord

En dépit de la participation valeureuse des soldats afro-américains à la guerre, des imposants défilés de la victoire qui les avaient accueillis de retour au pays, les émeutes et les lynchages n'avaient pas cessé, bien au contraire. Des cohortes de mécontents et de déboussolés, aux rancœurs et aux haines attisées par les phénomènes de modernisation culturelle et sociale, se tournaient vers le nationalisme ethnique du Klan et le fondamentalisme protestant et redoublaient de violence envers les Noirs. La NAACP tenta bien de faire voter une loi interdisant les lynchages, mais les élus sudistes se mobilisèrent pour la repousser.

Quant aux émeutes raciales, qui étaient jusque-là l'apanage des villes du Sud (Statesboro en Géorgie en 1904, Atlanta en 1906), elles éclatèrent aussi dans le Nord. En général, à la suite d'une altercation ou d'un autre incident mineur, une foule blanche se rassemblait et tuait, par pendaison ou par balle, le Noir accusé, avant de s'en prendre au quartier noir dans son ensemble, en incendiant, en violentant ou tuant la population. Selon un schéma voisin, ce type de pogrome urbain se produisit dans le Nord,

À Chicago, l'émeute commença en juillet 1919 à la suite de la noyade d'un jeune Noir qui avait dérivé par mégarde dans une zone de baignade réservée aux Blancs et avait été accueilli par des jets de pierres. Au lieu d'arrêter le coupable présumé, la police appréhenda un Noir. L'émeute dura une semaine, au cours de laquelle des gangs de jeunes gens irlando-américains pour la plupart tuèrent et incendièrent dans le South Side, avec la complicité passive de la police. Des jeunes Noirs répliquèrent en s'attaquant aux Blancs en centre-ville. Au moins vingt-trois Noirs et quinze Blancs furent tués, plusieurs centaines d'autres furent blessés, et plus de mille familles, majoritairement noires, se trouvèrent sans logement. Ci-contre, un Noir se fait raccompagner par la police montée lors de l'émeute du 31 juillet 1919.

Lors de leur congrès de 1929, les délégués de la NAACP célébrèrent le 20e anniversaire de l'association (ci-contre) et relancèrent leur campagne anti-lynchage.

L'émeute de Harlem en 1935 fut une révolte des Noirs du quartier après qu'un enfant eut été accusé de vol dans un commerce. Le véritable enjeu était le refus des commerçants blancs d'embaucher des Noirs. La police arrêta des centaines d'émeutiers présumés (ci-dessus).

notamment à New York en 1900, Springfield en 1908, à Saint Louis en 1917, ou à Chicago en juillet 1919, dont l'émeute fut marquée par un niveau de violence inédit. Durant l'été qui suivit, baptisé *Red Summer* en raison des vingt-six émeutes qui éclatèrent dans plusieurs villes du pays, les affrontements prirent une tournure nouvelle. Pour la première fois, les Noirs résistèrent violemment aux attaques des Blancs, de sorte que l'on compta des victimes des deux côtés.

LARGEST KONKLAVE IN THE MIDDLE WEST
SPRINGFIELD & CLARK CO. KLAN ~ REALM OF OHIO
KNIGHTS OF THE ~ KU ~ KLUX ~ KLAN ~
"SOMEWHERE" IN CLARK CO.
KKK

En août 1925, quarante mille klanistes, tête découverte, défilent à Washington devant la Maison-Blanche (ci-contre). Le Klan est alors à son apogée. Dissous en 1872, il renaît de ses cendres à Atlanta en décembre 1915, quelques jours après la sortie du film de David Griffith, *The Birth of a Nation*, qui célébrait le Klan des origines. À partir de 1920, grâce à une campagne publicitaire habile, les adhésions affluent par centaines de milliers. Le nouveau Klan n'est pas centré uniquement sur le racisme anti-noir, mais fustige aussi l'Église catholique, les Juifs, les immigrants et pêle-mêle tout ce qui offensait les bonnes manières et le protestantisme. Il disparaît dans les années 1930, pour renaître au moment des droits civiques, dans les années 1950, où il se recentre, comme à ses origines, sur la violence contre les Noirs.

Le message identitaire de Garvey

C'est dans ce contexte que se situe l'apparition fulgurante de Marcus Garvey et son Universal Negro Improvement Association (UNIA, Association universelle pour l'amélioration de la condition noire) à la fin des années 1910.

Né à la Jamaïque en 1887, Garvey avait lancé plusieurs publications éphémères en Amérique centrale puis à Londres. Au cours de ses pérégrinations, cet infatigable globe-trotter avait acquis la conviction que l'union des Noirs était la solution pour améliorer leur condition. Il créa à cet effet l'UNIA en août 1914, lors d'un passage à la Jamaïque, avant de s'installer à New York en 1916.

Orateur doué, entrepreneur inlassable mais brouillon, Garvey développa rapidement la branche américaine de l'UNIA, lui adjoignit une publication à succès, *Negro World*, avant de créer une compagnie de liaisons maritimes avec l'Afrique, la fameuse Black Star Steamship Line, en 1919.

Aux yeux des masses afro-américaines, particulièrement celles des grandes villes, les démarches juridiques de la NAACP apparaissaient comme trop élitistes et précautionneuses. Garvey proposait un message politique identitaire bien plus ardent, en voulant transformer la couleur de la peau en motif d'orgueil plutôt que de honte. Il expliquait que les Noirs du Nouveau Monde devaient être fiers de leurs ancêtres africains aux civilisations anciennes et glorieuses, qu'il leur fallait retrouver l'Afrique. L'UNIA attira

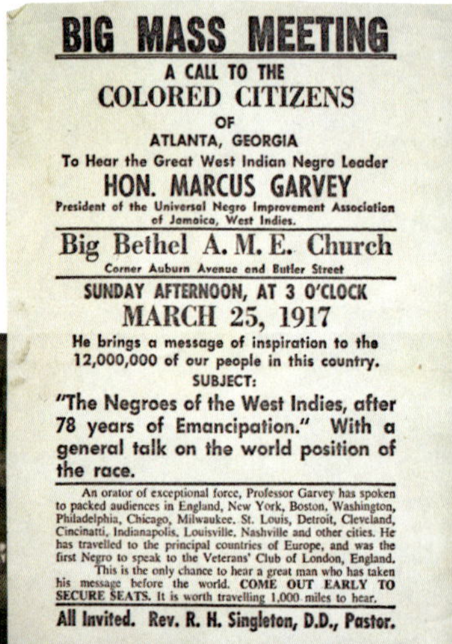

BIG MASS MEETING

A CALL TO THE
COLORED CITIZENS
OF
ATLANTA, GEORGIA
To Hear the Great West Indian Negro Leader
HON. MARCUS GARVEY
President of the Universal Negro Improvement Association of Jamaica, West Indies.

Big Bethel A. M. E. Church
Corner Auburn Avenue and Butler Street

SUNDAY AFTERNOON, AT 3 O'CLOCK
MARCH 25, 1917

He brings a message of inspiration to the 12,000,000 of our people in this country.

SUBJECT:
"The Negroes of the West Indies, after 78 years of Emancipation." With a general talk on the world position of the race.

An orator of exceptional force, Professor Garvey has spoken to packed audiences in England, New York, Boston, Washington, Philadelphia, Chicago, Milwaukee, St. Louis, Detroit, Cleveland, Cincinatti, Indianapolis, Louisville, Nashville and other cities. He has travelled to the principal countries of Europe, and was the first Negro to speak to the Veterans' Club of London, England.

This is the only chance to hear a great man who has taken his message before the world. COME OUT EARLY TO SECURE SEATS. It is worth travelling 1,000 miles to hear.

All Invited. Rev. R. H. Singleton, D.D., Pastor.

Marcus Garvey (à droite) était un orateur inspiré qui voyagea à travers le pays en 1916-1917. Sa venue à Atlanta, quelques semaines avant le lancement officiel de l'UNIA aux États-Unis, fut annoncée par des affiches (ci-dessus).

entre un demi-million et un million d'adhérents, souvent des Noirs pauvres des grands centres urbains, subjugués par les discours enflammés de son chef messianique.

L'ascension météorique de l'UNIA, interrompue par l'emprisonnement de Garvey (pour des allégations de fraude) puis son expulsion du territoire américain au titre d'« étranger non souhaitable », tenait sans doute moins à une volonté des Noirs de s'établir en Afrique qu'à l'aspiration à un discours politique plus fervent que les sages propos d'un Du Bois, accompagné d'une affirmation identitaire permettant de combattre leur sentiment d'aliénation, et au besoin d'une organisation populaire dont certaines des structures familiales et communautaires reproduisaient celles d'organisations remontant à l'esclavage et à la Reconstruction.

La manifestation organisée par l'UNIA à Harlem en 1924 pour protester contre la condamnation de Garvey à cinq ans de prison fut la première manifestation noire d'envergure (ci-contre). « Être noir n'est pas une honte mais un honneur, et nous autres, à l'UNIA, ne voulons pas devenir blancs… Nous sommes des gens fiers et honorables. Nous aimons notre race et respectons et adorons nos mères », déclara Garvey.

Né dans l'Alabama en 1871, Oscar DePriest (à gauche, assis) fut agent immobilier, puis élu municipal avant de briguer un siège de représentant pour le compte du Parti républicain en 1929. À cette époque, les Noirs votaient encore en majorité républicain.

Le vote noir bascule en faveur des démocrates

La Grande Migration eut d'autres conséquences politiques importantes. Contrairement au Sud ségrégué, dans le Nord, les Noirs pouvaient voter, et ils s'inscrivirent sur les listes électorales avec l'appui du Parti républicain. À New York, dès 1917, les Afro-Américains pesaient suffisamment pour élire un représentant, Edward Johnson, à l'assemblée d'État. Mais le tournant survint à Chicago, en 1929, avec l'élection du républicain Oscar DePriest au Congrès fédéral. Pour la première fois, un représentant noir d'un État du Nord siégeait à Washington. Au-delà de Chicago, DePriest était devenu le porte-parole de la communauté noire au Congrès, avant que le nombre d'élus noirs ne s'accrût, à la fin des années 1930. En 1946, on comptait trente élus noirs dans les chambres législatives des États. Un peu partout, les électeurs noirs faisaient sentir leur influence, comme lorsqu'il s'agissait de faire battre des élus hostiles, ceux qui n'avaient pas voté en faveur d'une loi interdisant les lynchages, par exemple.

Dans l'ensemble, les Noirs étaient attachés au Parti républicain, fondé par Lincoln, d'autant que le Sud raciste était tenu d'une main de fer par les démocrates. Mais un mouvement vers le Parti démocrate s'observa dès l'élection présidentielle de 1928, lorsque les républicains, désireux de conquérir le Sud, « blanchirent » leurs structures dans cette région en écartant les républicains noirs qui étaient en première ligne contre la ségrégation. Cette manœuvre permit certes au candidat républicain Hoover d'emporter sept États du Sud,

dont la Virginie, mais elle était à courte vue : l'élection présidentielle suivante vit, pour la première fois, une petite majorité de Noirs voter en faveur d'un démocrate, Franklin Roosevelt, que, jusqu'alors, peu d'entre eux connaissaient en dehors des New-Yorkais.

La crise de 1929

La crise économique affecta particulièrement les Noirs : « les derniers embauchés, les premiers licenciés », disait-on alors. De fait, leur taux de chômage était trois fois plus élevé que la moyenne nationale. La grande pauvreté sévissait dans les ghettos noirs et les campagnes du Sud, à peine compensée par les réseaux d'entraide et les soupes populaires mis en place par les églises.

Ce basculement politique fut amplement confirmé lors de l'élection de 1936, lorsque les Noirs du Nord votèrent massivement démocrate – une tendance qui n'a plus changé depuis. Ils étaient bien entendu hostiles aux démocrates du Sud, mais ils considéraient que Roosevelt et surtout sa femme, Eleanor Roosevelt, étaient bien disposés à leur égard.

Le New Deal était le fruit de compromis passés avec les démocrates racistes du Sud, et il se gardait bien de remettre en question la ségrégation, mais un changement d'esprit était tout de même notable dans les échelons supérieurs du pouvoir américain.

« N'achetez pas là où vous ne pouvez pas travailler. » Pendant la Grande Dépression, les consommateurs noirs des grandes villes s'organisèrent, notamment sous la houlette de la Citizens' League for Fair Play, pour mener des campagnes de boycott contre les commerces qui refusaient d'employer des Noirs. Parallèlement, le commerce noir se développa au nom du *« Double Duty Dollar »* : acheter dans un commerce noir, c'était aider la communauté. À Harlem, en 1939, à l'initiative de la chambre de commerce afro-américaine, une affichette avec un « N » (ci-dessus) signalait un commerce noir participant à cette campagne de promotion. Au centre, marche de protestation contre le lynchage, le 24 juin 1922 à Washington.

Eleanor visita des écoles noires, invita des femmes noires à prendre le thé à la Maison-Blanche, tandis que le président, que son handicap physique rendait d'autant plus sympathique à ceux qui souffraient du handicap racial, entretenait de bonnes relations avec les organisations noires : « le meilleur président depuis Lincoln » titra un journal noir. Roosevelt et les *New Dealers* avaient également nommé des personnalités « de couleur » à des postes de conseillers dans différentes administrations d'État. Le nombre de Noirs fonctionnaires fédéraux fit un bond, de 50 000 en 1933 à 200 000 en 1946 – en grande majorité employés aux tâches les plus

Plus que son mari, Eleanor Roosevelt s'engagea nettement en faveur des Noirs (ci-dessus, à Detroit lors d'une campagne d'éradication des taudis en 1935). Elle soutint Marian Anderson quand celle-ci se vit interdire de chanter à Constitution Hall, en lui permettant de donner son récital au Lincoln Memorial.

modestes. À l'extrême gauche, le Parti communiste attira des militants noirs, séduits par son engagement antiraciste. Lors des élections de 1932 et 1936, le candidat communiste à la vice-présidence était noir. Le mouvement communiste américain s'appuya sur les Noirs, et si cela n'était pas sans arrière-pensées, il se mobilisait contre le racisme, comme lors de l'affaire de Scottsboro (Alabama) en 1931. Neuf garçons noirs, dont le plus jeune avait 13 ans, furent faussement accusés du viol de deux femmes dans un train, et condamnés à mort après un procès inique. À la suite d'une mobilisation nationale orchestrée par le Parti communiste, la Cour suprême ordonna la tenue d'un nouveau procès, qui condamna les malheureux à de la prison mais les sauva de la chaise électrique.

L'affaire de Scottsboro, en 1931, devint une cause emblématique de l'injustice faite aux Noirs. L'avocat Samuel Leibowitz défendit brillamment les neuf garçons (ci-dessous, lors de leur arrestation, en mars 1931), pendant que le PC organisait des manifestations dans tout le pays, y compris devant la Maison-Blanche, en 1932 (ci-dessous).

FREEDOM

« Après tant d'années, la communauté noire avait compris que son seul salut résidait dans l'unité d'action. Quand un Noir se révoltait, il était chassé de la ville ; si un millier de Noirs se dressaient tous ensemble, la situation pouvait être radicalement modifiée. »

Martin Luther King

CHAPITRE 4

LA RÉVOLUTION DES DROITS CIVIQUES

Le mouvement pour les droits civiques, qualifié de « seconde Reconstruction » par certains historiens, constitua pendant dix ans (1955-1965) une mobilisation populaire d'une ampleur sans précédent. La manifestation du 28 août 1963 à Washington en fut l'un des temps forts. Ce jour-là, des centaines de milliers d'Américains, noirs, mais aussi blancs, déferlèrent sur la capitale fédérale (page de gauche) pour manifester contre la ségrégation et écouter les orateurs, dont le très charismatique Martin Luther King (ci-contre).

La Seconde Guerre mondiale représenta un tournant majeur dans l'histoire de la ségrégation, qui se trouva questionnée dans ses principes mêmes. Pourtant, au début de la guerre, beaucoup de Noirs, soldats et civils, étaient sans illusion à propos de ses effets sur la ségrégation et le racisme aux États-Unis. La Première Guerre mondiale n'avait rien changé à leur situation, pourquoi la Seconde le ferait-elle ? Les deux conflits étaient pourtant différents, leurs conséquences aussi.

Une comparaison peu flatteuse

La lutte contre les régimes totalitaires mit au premier plan les valeurs démocratiques et de respect des droits humains, et occasionna des comparaisons peu flatteuses entre la ségrégation américaine et les politiques racistes de l'ennemi. Au vrai, les militants de la NAACP justifiaient le soutien des Afro-Américains à la guerre par la perspective d'une victoire contre les forces de l'Axe, mais également contre la ségrégation américaine : c'était l'argument de la « double victoire ». En 1944, l'économiste suédois Gunnar Myrdal souligna avec force dans son célèbre ouvrage *Un dilemme américain* le paradoxe d'une grande démocratie aux prises avec un racisme institutionnalisé en son sein et anticipa les changements inévitables qui allaient intervenir.

Dans les premiers temps de la guerre, la plupart des grandes firmes industrielles qui honoraient des commandes militaires ne changèrent pas leur politique discriminatoire à l'embauche. En janvier 1941, A. Philip Randolph, responsable du syndicat des porteurs Pullman, lança l'idée d'une grande marche

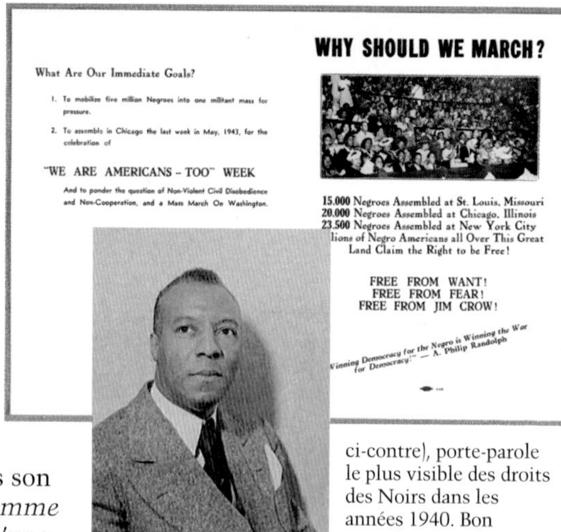

What Are Our Immediate Goals?

1. To mobilize five million Negroes into one militant mass for pressure.
2. To assemble in Chicago the last week in May, 1943, for the celebration of

"WE ARE AMERICANS – TOO" WEEK

And to ponder the question of Non-Violent Civil Disobedience and Non-Cooperation, and a Mass March On Washington.

WHY SHOULD WE MARCH?

15.000 Negroes Assembled at St. Louis, Missouri
20.000 Negroes Assembled at Chicago, Illinois
23.500 Negroes Assembled at New York City
lions of Negro Americans all Over This Great Land Claim the Right to be Free!

FREE FROM WANT!
FREE FROM FEAR!
FREE FROM JIM CROW!

Vinning Democracy for the Negro is Winning the War for Democracy!" — A. Philip Randolph

« Obtenir la démocratie pour les Noirs, c'est gagner la guerre pour la démocratie ! » s'exclamait le militant syndical A. Philip Randolph (1889- 1979 ; ci-contre), porte-parole le plus visible des droits des Noirs dans les années 1940. Bon organisateur et bon orateur, Randolph orchestra plusieurs manifestations contre les discriminations dans les usines, dans l'armée et les syndicats (ci-dessus, tract invitant à l'une d'elles). Cette mobilisation des Noirs à l'échelle nationale était alors inédite.

sur Washington pendant l'été pour réclamer l'égalité d'embauche et de salaire dans l'industrie de guerre. Le 25 juin, Roosevelt céda et interdit aux industries concernées de sélectionner leurs ouvriers « selon des critères de race, de croyances, de couleur ou d'origine nationale ». À l'appui de cette décision, un comité fut chargé d'enquêter sur les plaintes pour discrimination. Même si celle-ci ne cessa pas complètement dans les industries de guerre, notamment dans le Sud, la situation s'améliora très nettement dans l'ensemble du pays. Certaines firmes hostiles aux Noirs depuis toujours, comme les constructeurs automobiles de Detroit, « l'arsenal de la démocratie » selon Roosevelt, changèrent leur politique d'embauche sous la pression du syndicat de l'automobile, affilié au CIO (Congress of Industrial Organizations). L'afflux de cinquante mille travailleurs noirs qui s'ensuivit entraîna une surpopulation et un manque criant de logements. C'est dans cette ville en surchauffe que, le 20 juin 1943, éclata la plus grave émeute de la guerre, née d'un incident mineur, émeute dans laquelle vingt-cinq Noirs et neuf Blancs trouvèrent la mort.

L'émeute de Detroit commença par une altercation entre jeunes, Noirs et Blancs, dans un parc de la ville, un dimanche de juin 1943, après qu'un homme noir eut été accusé d'avoir giflé une femme blanche. Des groupes de jeunes des deux communautés s'en prirent ensuite aux passants, aux boutiques et aux automobiles (ci-dessus, jeunes Blancs renversant une voiture appartenant à un Noir). La police de la ville se rangea aux côtés des émeutiers blancs, et c'est l'armée fédérale qui dut intervenir pour rétablir l'ordre.

L'enrôlement des Noirs américains

La mobilisation militaire entraîna l'appel d'un million d'Afro-Américains sous les drapeaux, dont quatre mille femmes. Des unités militaires jusque-là fermées aux Noirs, comme les marines, les acceptèrent à partir de 1942. La même année, le corps des officiers s'ouvrit plus largement aux Noirs, pour l'essentiel dans l'armée de terre, mais également, au compte-gouttes, dans la marine, qui avait toujours confiné les Noirs aux tâches d'intendance. Les unités combattantes étaient ségréguées, à l'exception d'un groupe expérimental de deux mille cinq cents hommes créé en 1945, comprenant des sections noires et blanches qui combattirent côte à côte en Allemagne.

Les marins, les soldats et les aviateurs noirs ne cessèrent de protester contre les innombrables discriminations dont ils faisaient l'objet dans les casernes et au front. À la fin de la guerre, ils dénoncèrent le fait que les prisonniers allemands avaient été mieux traités que les soldats de couleur! Les GI noirs revinrent chez eux avec la conviction que la ségrégation devait cesser et qu'il fallait agir en ce sens. Certains avaient vu de leurs yeux les horreurs du nazisme et étaient revenus déterminés à ne plus s'asseoir à l'arrière des bus.

Les avancées juridiques

Le principal moyen de lutte contre la ségrégation était d'ordre judiciaire. La NAACP se débrouillait

Le marin Dorie Miller (1919-1943), cuisinier de la marine américaine à bord du cuirassé *West Virginia*, devint un héros national le 7 décembre 1941, jour de l'attaque japonaise sur Pearl Harbor. Bien que néophyte au combat, il manœuvra de sa propre initiative une batterie anti-aérienne. Décoré pour ce fait d'armes, il fit par la suite des conférences patriotiques dans tout le pays et fut représenté sur des affiches officielles (ci-contre).

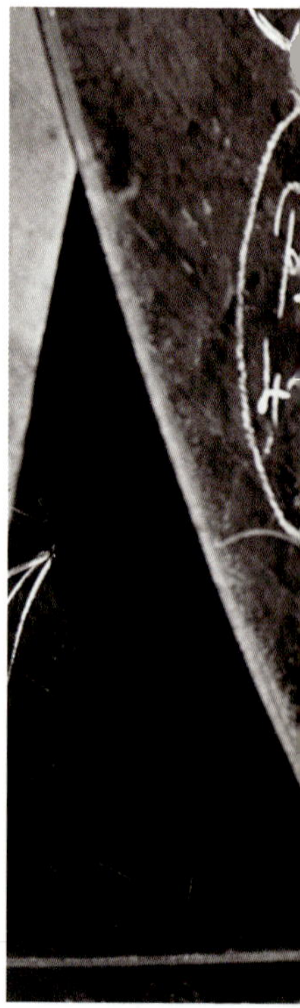

HIGH COURT BANS SCHOOL SEGREGATION; 9-TO-0 DECISION GRANTS TIME TO COMPLY

pour provoquer un procès qui entraînait une décision judiciaire d'interdiction de telle ou telle pratique ségrégative. La tactique n'était pas nouvelle. Elle avait déjà été utilisée à maintes reprises depuis la fin du XIXe siècle, notamment lors de la célèbre affaire Plessy, en 1896. Après guerre, forte d'une équipe de brillants avocats, la NAACP poursuivit dans ce sens. La démarche fut couronnée de succès en 1946, quand la Cour suprême déclara inconstitutionnelle la discrimination dans les bus voyageant d'État à État, et surtout en 1954 à propos des écoles publiques, dans sa fameuse décision « Brown v. Board of Education of Topeka ».

The New York Times.

En 1942, pour la première fois de son histoire, l'industrie américaine ouvrit ses portes aux femmes noires. Trois cent mille d'entre elles y trouvèrent un emploi. Elles reçurent une formation accélérée grâce à des programmes mis en place par des agences fédérales. Elles furent non seulement employées à des tâches réputées féminines, comme la fabrication des parachutes, mais aussi à des postes dans l'industrie lourde dévolus auparavant exclusivement aux hommes, telle la fabrication des avions, des chars et des bateaux, notamment celle des fameux Liberty Ships (ci-contre, Eastine Cowner, une ancienne serveuse, soudant la coque du *George Washington Carver*, en mai 1943). Une ouvrière des usines Boeing de Seattle affirma : « Hitler nous a fait sortir de la cuisine des Blancs. » Les salaires des ouvrières, tant noires que blanches, étaient inférieurs d'un tiers à ceux des ouvriers. La guerre terminée, on les renvoya dans leurs foyers. Pour autant, la ségrégation n'avait pas cessé dans les lieux publics, par exemple dans les gares, les bars, ou les piscines (pages suivantes).

LEARN TO
SWIM
CAMPAIGN
JUNE 3-
JUNE 22
CLASSES FOR ALL AGES
FORMING IN ALL POOLS
SPONSORED BY DEPARTMENT OF PARKS
W.P.A. ART PROJECT
wagner

WHITE
COLORED

WHITE ONLY
NO PETS
EL PRODUCTO

Celle-ci déclarait anticonstitutionnelle la ségrégation des écoles publiques : « La séparation des enfants sur un fondement racial génère un sentiment d'infériorité quant à leur statut dans la communauté qui peut affecter leurs esprits et leurs cœurs d'une manière irrémédiable. » L'injonction juridique ne fut cependant pas respectée dans les États du Sud profond, d'autant que le président Eisenhower se réfugia dans un silence prudent. Cette décision de la Cour suprême – permise par des renouvellements dans sa composition, dont la nomination en 1953 d'un nouveau président, Earl Warren, moins conservateur que prévu – porta néanmoins un coup très dur aux partisans de la ségrégation, qui furent dès lors sur la défensive. Les transports publics locaux du Sud (bus, trams, trains) étaient maintenant dans la ligne de mire de la NAACP.

L'arrestation de Rosa Parks et l'entrée en lice de Martin Luther King

Ainsi, dans les bus de Montgomery, capitale de l'Alabama, une ligne virtuelle séparait les Blancs (devant) des Noirs (au fond). En fonction de l'affluence, les passagers noirs devaient céder les places assises aux passagers blancs. Une première occasion se présenta le 2 mars 1955 avec l'arrestation d'une jeune fille de 15 ans, Claudette Colvin, militante de la branche jeunesse de la NAACP, pour refus de céder sa place. Mais Colvin était enceinte d'un homme marié, un petit scandale qui risquait de faire échouer l'opération. Une de ses amies, Rosa Parks, s'avéra meilleure candidate pour un parcours judiciaire éprouvant et risqué. Le 1er décembre 1955, Rosa Parks refusa de laisser sa place à un voyageur blanc. Le conducteur, dont elle connaissait la malveillance, menaça

La ségrégation dans les transports en commun était un sujet constant de plaintes et de tensions. Des altercations éclataient souvent dans les bus, forçant le conducteur à intervenir : « *Move back !* » (« Au fond ! »), intimait-il aux passagers noirs qui refusaient de laisser leur siège aux Blancs. Il arrivait que certains passagers blancs, gênés de faire déguerpir un Noir âgé, s'arrangent pour rester debout. Les conducteurs de bus les plus odieux exigeaient des passagers noirs qu'ils descendent du bus après avoir acheté leur billet à l'avant, et qu'ils y remontent par la porte arrière – occasion parfois de redémarrer en les laissant, humiliés, sur le trottoir. C'était l'habitude de James Blake, conducteur du bus qu'empruntait Rosa Parks, connu à Montgomery pour son racisme. Ci-dessus, un bus ségrégué en Floride en 1956.

d'appeler la police : « Ne vous gênez pas », répondit-elle. Elle fut immédiatement arrêtée. Un boycott spontané de la compagnie de bus se déclencha dans la foulée.

Mais il fallait mieux s'organiser si le boycott devait durer : la Montgomery Improvement Association (MIA) fut donc créée le 5 décembre, avec à sa tête un jeune pasteur prometteur du nom de Martin Luther King. King était un inconnu de 26 ans, qui officiait à Montgomery depuis mai 1954. Il fut choisi parce qu'il était un jeune homme qui n'avait pas encore d'ennemis. Dans la foulée de cette désignation plutôt fortuite, un meeting fut organisé dans une église du centre-ville : King se révéla en y prononçant un discours fameux sur la légitimité du boycott : « Si nous avons tort, alors c'est Dieu tout-puissant qui a tort ! Si nous avons tort, alors, la justice n'est qu'un mensonge ! » La foule répondit de manière enthousiaste.

L'organisation du boycott des bus réclama une organisation sans faille de la part de la MIA (en haut, réunion du 27 janvier 1956 avec King [au pupitre], Abernathy [1er rang à droite] et Parks [au centre]). Au même moment, les bus de Montgomery circulaient à vide (ci-dessus).

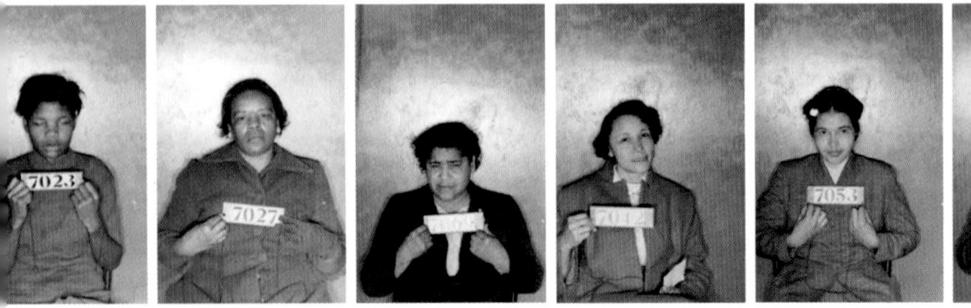

Le boycott de Montgomery

Le boycott était lancé. L'arme du boycott n'était pas tout à fait nouvelle : elle avait été utilisée ici et là dans le Sud, par exemple en 1952 par le militant Theodore Howard, qui sillonnait la région pour populariser ce moyen d'action plus radical que les méthodes purement juridiques de la NAACP, et qui était même allé discourir à Montgomery quelques jours avant l'arrestation de Parks. Oui, mais personne n'avait prévu qu'à Montgomery, le boycott durerait 381 jours, un record. La MIA dut mettre sur pied des formes de solidarité pratique pour tenir le coup.

Un système de covoiturage fut organisé avec des automobilistes et des chauffeurs de taxi volontaires, tandis que la plupart des gens se déplaçaient à bicyclette, en carriole à mule ou à pied sur des kilomètres. Pendant ce temps, les bus circulaient à vide et la compagnie était au bord de la faillite. Des bâtons de dynamite furent jetés sur la maison de King, qui fut aussi emprisonné deux semaines à des fins d'intimidation. Le pays tout entier tournait les yeux vers Montgomery, et King devenait une personnalité d'envergure, à laquelle la grande presse consacrait des articles.

Les églises noires organisèrent une vaste collecte de chaussures dans tout le pays pour aider les boycotteurs de Montgomery, contraints d'effectuer presque tous leurs déplacements à pied (ci-dessus, vieille femme portant ses courses sur la tête).

Mais il fallut une décision de la Cour suprême, en novembre 1956, autorisant les passagers noirs à s'asseoir où ils voulaient dans les transports en commun du pays, pour faire plier la municipalité et les autorités locales. La mobilisation des Noirs pour le boycott avait été couronnée de succès, contrairement aux prévisions des caciques de la NAACP, qui se méfiaient des actions militantes de masse au motif qu'elles risquaient d'entraîner une réaction violente des extrémistes blancs. Ce qui avait débuté comme une action judiciaire était devenu un mouvement populaire. C'est pourquoi le boycott des bus de Montgomery est considéré comme l'acte fondateur du mouvement pour les droits civiques. C'est également à cette occasion que le jeune King se transforma en figure nationale.

La police procéda à des centaines d'arrestations à des fins d'intimidation (ci-dessus, photos de personnes arrêtées, dont Martin Luther King [le 3e à partir de la droite, et Rosa Parks, la 7e]). Les motifs le plus souvent invoqués étaient le trouble à l'ordre public et l'exercice illégal de la profession de chauffeur de taxi, pour décourager le covoiturage.
Le 15 novembre 1956, presque un an après le début du mouvement, la presse locale fit ses gros titres de la fin du boycott et de la ségrégation dans les transports (ci-dessous), sans mesurer la portée de l'événement.

King et la SCLC

En janvier 1957, Martin Luther King fonda sa propre association : la Southern Christian Leadership Conference (SCLC) qu'il présida jusqu'à sa mort. Elle visait à unifier les mouvements de protestation non violents dans le Sud en prenant appui sur le tissu associatif des Églises noires. Elle n'a jamais été un mouvement de masse, mais plutôt une instance de

The Weather
The Montgomery Advertiser
128th Year—No. 274
Montgomery, Ala., Thursday Morning, November 15, 1956
40 Pages
Price 5 Cents
Boycotters Vote To Board Buses Again
Negroes Lose Injunction Bid
Federal Judge Denies Petition For Intervention
Bus Official Awaits Order From Courts
End Of Protest Awaits Formal Notice Of Edict
By STEVE LESHER
ASSER PLEA REPORTED
U.N. Rushes Into Egypt In Teeth Of Red Threat
Pair Arrested In 2 Slayings At Columbiana

À Little Rock, le 4 septembre 1957, Elizabeth Eckford, 16 ans (ci-dessus, au centre), se présenta avec huit autres lycéens noirs dans un établissement jusque-là exclusivement réservé aux Blancs. Ils furent stoppés à l'entrée par la garde nationale sur ordre du gouverneur. Le 24 septembre, les « Neuf de Little Rock » firent une nouvelle tentative, sous la protection des troupes fédérales cette fois, qui leur permit de forcer les portes du lycée. Pas pour longtemps car le collège ferma ses portes à nouveau un an après.

coordination des multiples actions locales qui naissaient spontanément dans tous les États où la ségrégation avait force de loi. Les décisions juridiques de la Cour suprême n'étant pas suivies d'effets, il fallait donc bien, aux yeux de la nouvelle génération de militants noirs, se mobiliser autrement pour abattre la ségrégation et conquérir le droit de vote. En 1957, plutôt que d'accepter la déségrégation des écoles de Little Rock, Orval Faubus, gouverneur de l'Arkansas, mobilisa la garde nationale de son État puis fit fermer les écoles publiques pendant deux ans. Vers 1960, moins de 1 % des enfants noirs du Sud étaient scolarisés dans des écoles intégrées, et George Wallace, gouverneur de l'Alabama, s'exclamait avec assurance : « La ségrégation aujourd'hui, la ségrégation demain, la ségrégation pour toujours ! »

La vague des sit-in

L'organisation de sit-in – occupation pacifique de lieux publics ségrégués – constitua une autre forme

d'action. Là encore, ce n'était pas une innovation radicale : Gandhi et les indépendantistes indiens y avaient eu recours en Inde avant la guerre, ainsi que ponctuellement le Congress of Racial Equality (CORE). Fondé en 1942 par des étudiants de l'université de Chicago, le CORE entendait appliquer la doctrine de la non-violence de Gandhi à la situation américaine. La vague de sit-in commença en février 1960 lorsque quatre étudiants de Greensboro, en Caroline du Nord, s'assirent dans la cafétéria d'un magasin Woolworth's réservée aux Blancs. Personne n'osa les en expulser. Le lendemain, les protestataires étaient dix-neuf, quatre-vingt-cinq le surlendemain, et très vite, les sit-in s'étendirent à toute la région.

Une nouvelle association, plus radicale que la SCLC de King, émergea du mouvement des sit-in : le Student Non-Violent Coordinating Committee (SNCC, que l'on prononce « snick »), fondé en avril 1960 en Caroline du Nord par une centaine d'étudiants. Parmi eux se trouvait Stokeley

Les principes de non-violence exigeaient de ne pas répondre aux provocations de la foule et de ne pas bouger quoi qu'il arrive. Ce n'était pas chose facile lors des sit-in organisés dans les zones des cafés réservées aux Blancs. Il fallut courage et sang-froid aux militants du CORE qui occupèrent la cafétéria du Woolworth's de Jackson en mai 1963 pour se laisser asperger de sodas et de moutarde sans riposter (ci-dessus) ! Parmi eux se trouvait Anne Moody (au fond), connue pour son récit autobiographique, *Coming of Age in Mississippi.*

Carmichael, étudiant à Howard University à Washington et futur héraut du Black Power. Ces étudiants, qui se voulaient à l'avant-garde de la révolution, passèrent à des actions plus dangereuses.

Les voyages de la liberté

Les sit-in n'étaient pas sans risque – certains manifestants se faisaient expulser sous une pluie de coups – mais les *freedom rides* (« les « voyages de la liberté ») du SNCC et du CORE mirent réellement les militants en danger. Ces *freedom rides* rassemblaient des jeunes, Noirs et Blancs confondus, les *riders*, qui voyageaient ensemble en bus à travers le Sud, afin d'apporter leur soutien à la population noire et défier les lois de ségrégation. Le premier bus quitta Washington pour La Nouvelle-Orléans le 4 mai 1961 : le voyage fut émaillé de violences, car les Blancs racistes et les autorités entendaient mettre fin à cette provocation. Le 13 mai, King les accueillit chaleureusement à la gare routière d'Atlanta et les mit en garde : « Vous ne traverserez pas l'Alabama. » La prévision se vérifia dès le lendemain.

Les *freedom rides* furent considérés comme une intolérable provocation par les partisans de la ségrégation, déterminés à les arrêter par tous les moyens. Certains rescapés de l'incendie du bus d'Anniston (ci-dessus), gagnèrent Birmingham, où des membres du Klan les attaquèrent à nouveau. Plusieurs d'entre eux furent hospitalisés. Martin Luther King reconnut avoir été surpris d'entendre de jeunes étudiantes blanches lui déclarer « être prêtes à mourir s'il le fallait ». Ce premier voyage écourté donna naissance à plus d'une soixantaine de *freedom rides* tout au long de l'année 1961.

Près de la petite ville d'Anniston (Alabama), le 14 mai, une foule enragée mit le feu au bus et tenta de bloquer ses portes pour que les passagers brûlent vifs. Un policier parvint à les faire sortir *in extremis* et à éviter leur lynchage. Les *riders* blancs étaient particulièrement visés, car considérés comme des traîtres à leur « race ». Leur vie étant en danger, le voyage s'interrompit à Birmingham : les *riders* gagnèrent La Nouvelle-Orléans en avion. Mais d'autres voyages s'organisèrent. Le 17 mai, des étudiants partirent de Nashville, pour être arrêtés à Birmingham, emprisonnés puis relâchés par le chef de la police locale, « Bull » Connor, exaspéré par les *freedom songs* (les « chansons de la liberté »), dont le fameux *We shall overcome*, qui résonnaient dans sa prison. D'autres *riders* prirent le relais de celles et ceux qui étaient en prison ou à l'hôpital et ainsi de suite. À leur retour dans le Nord, les militants étaient accueillis en héros, et suscitaient de nouvelles vocations.

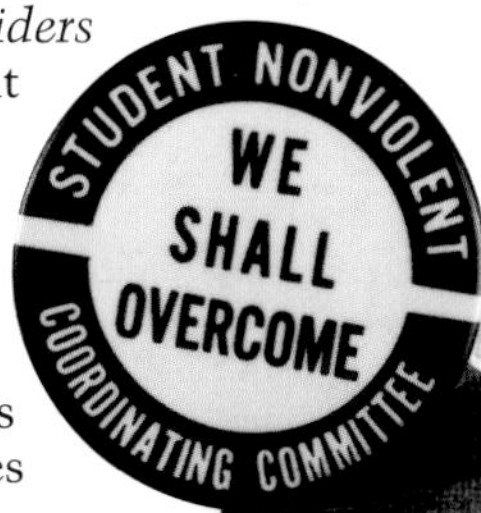

We Shall Overcome, chanson tirée d'un gospel, devint en quelque sorte l'hymne du mouvement pour les droits civiques. Chanté par les militants lors des actions (en bas, en 1962), il fut interprété de façon inoubliable par Mahalia Jackson (ci-dessus). Née en Louisiane en 1911 et installée à Chicago en 1927, Mahalia Jackson est considérée comme la plus grande chanteuse de gospels. Elle soutint le mouvement pour les droits civiques, qu'elle accompagna de sa voix mélodieuse et puissante de contralto, jusqu'à chanter aux obsèques de Martin Luther King le gospel préféré de ce dernier : *Take My Hand, Precious Lord.*

Les *freedom rides* eurent des conséquences non négligeables pour le mouvement des droits civiques. Leur couverture médiatique par la télévision naissante fit apparaître clairement aux Américains l'extrême violence des partisans de la ségrégation et transforma de fait le mouvement en bataille de communication. Par ailleurs, les Noirs du Sud, notamment ceux des petites villes et des campagnes traversées par les *riders*, furent impressionnés et galvanisés par le courage de ces jeunes militants. Enfin, les *riders* poussèrent le gouvernement fédéral, plutôt pusillanime, à intervenir. À l'été 1961, le ministre de la Justice, Robert Kennedy, exigea que les gares routières fussent déségréguées et il mobilisa la garde nationale pour escorter les bus.

Robert Kennedy était favorable aux droits civiques des Noirs. Il exprima la position officielle de son administration en 1961 (ci-dessus) : « Je pense que la décision de déségréguer les écoles publiques était la bonne. Mais mon avis n'a pas d'importance. C'est la loi. Certains pensent que c'était une mauvaise décision. Peu importe. C'est la loi. »

Les contradictions du pouvoir fédéral

D'une manière générale, le pouvoir exécutif américain tergiversa pour déségréguer le Sud. Eisenhower, entre 1953 et 1960, faisait peu mystère de son scepticisme sur la possibilité de changer la situation : « On ne légifère pas sur la morale », expliqua-t-il. Il soutint du bout des lèvres la décision Brown, tout en pestant en privé contre le président de la Cour suprême, Earl Warren, dont la nomination avait été « la plus foutue erreur que j'ai jamais faite », aurait-il avoué. Eisenhower avait gardé de l'armée un

comportement paternaliste et condescendant à l'égard des Noirs, et il ne consentit à rencontrer Martin Luther King qu'en juin 1958, après l'affaire de Little Rock, où l'armée avait été envoyée en dépit de ses réticences. Bref, il ne fit rien pour aider les Afro-Américains, non par sympathie pour le Sud raciste, mais parce que le sujet lui paraissait secondaire et de nature à diviser le pays.

John Kennedy était en revanche personnellement favorable à la déségrégation et se sentait tout à fait à l'aise en compagnie des Noirs, contrairement à son prédécesseur. Surtout, John Kennedy et son frère Robert intervinrent de manière bien plus ferme. Pendant la campagne présidentielle, en partie pour attirer l'électorat noir, Kennedy fit sortir King de prison, et agit de même à plusieurs reprises pendant sa présidence. En fait, c'est Robert, bien plus que John, qui s'attela avec constance aux droits civiques, c'est lui qui insista auprès de son frère pour qu'ils constituent une priorité de son mandat, c'est lui qui était en contact direct et négociait avec King, c'est lui qui envoya en 1962 les troupes fédérales à Oxford pour protéger James Meredith, le premier étudiant noir de l'Université du Mississippi.

L'action de la Cour suprême, dirigée par Earl Warren (ci-dessus) entre 1953 et 1969, se caractérisa par une défense affirmée des droits individuels, en particulier ceux des minorités. Warren, qui avait été gouverneur de Californie avant d'être nommé à la tête de la Cour suprême par Eisenhower, considérait la loi comme un instrument permettant de faire progresser l'égalité des droits et non comme un outil de défense des intérêts acquis. De toutes les institutions fédérales, la cour Suprême fut sans conteste la plus active sur le terrain des droits civiques. C'est en partie grâce à elle que James Meredith (ci-contre, au centre) put entrer à l'Université du Mississippi le 1er octobre 1962, malgré l'hostilité de nombreux étudiants blancs et des autorités locales.

Les grandes campagnes militantes des années 1960 : de Birmingham à Washington

Plusieurs campagnes militantes furent organisées au début des années 1960, généralement par l'action conjointe de la SCLC, du CORE et du SNCC. Les villes, les méthodes d'action étaient stratégiquement choisies pour avoir le plus grand retentissement médiatique et politique. Au printemps 1963, la police de Birmingham utilisa des lances à eau redoutables (50 kilogrammes de pression par centimètre carré), des gaz lacrymogènes, des chiens d'attaque. Le spectacle des manifestants lacérés par les crocs des chiens et culbutés par les jets d'eau fit le tour du monde. Plus de trois mille personnes furent brutalisées et emprisonnées. C'est lors de son incarcération à Birmingham que Martin Luther King écrivit sa fameuse « lettre de la prison de Birmingham », où il affirmait la nécessité de la désobéissance civique et des actions de protestation non violentes plutôt que, comme on le lui suggérait, de miser patiemment sur le juge et le législateur. Le 15 septembre 1963, trois hommes du Klan dynamitèrent une église baptiste de la ville, connue pour être un centre actif du mouvement des droits civiques. Quatre adolescentes, âgées de 11 à 14 ans, furent tuées par l'explosion. Le même jour, la manifestation de protestation se solda par la mort de deux autres jeunes, de 13 et 16 ans, tués par la police. Les événements de Birmingham, qui valurent à cette ville d'être baptisée « Bombingham », choquèrent les Américains et accélérèrent le démantèlement de la ségrégation locale et dans le reste du Sud.

Au printemps 1963, King alla s'installer à Birmingham à la demande de Fred Shuttleworth, un pasteur local membre de la SCLC qui avait échappé par miracle à plusieurs attentats du Ku Klux Klan. Ensemble, ils mirent au point le projet « C » (comme Confrontation) pour dénoncer au grand jour les pratiques violentes du shérif de la ville, « Bull » Connor, et de ses hommes. Connor ne croyait qu'à la force pour « remettre les Noirs à leur place ». Face aux manifestants, y compris des enfants, la police de Birmingham eut recours à sa violence habituelle (ci-dessus). « Il y a un moment où la patience est à bout, et où les hommes ne veulent plus vivre dans les abysses du désespoir », écrivit King, emprisonné à Birmingham.

À l'été 1963, une grande manifestation fut prévue, cette fois à Washington, au cœur du pouvoir américain. Cette initiative s'inspirait de l'idée de Randolph, qui avait déjà envisagé une telle manifestation en 1941. Les responsables des organisations des droits civiques s'accordèrent sur le principe de l'événement, sans être tout à fait d'accord sur son objectif : pour les plus modérés (la NAACP), il s'agissait de soutenir Kennedy face aux démocrates sudistes du Congrès ; pour les plus radicaux (le CORE et le SNCC), il était surtout question de dénoncer la mollesse de l'administration fédérale, tandis que pour King et la SCLC, c'était le moyen de présenter les revendications des Noirs et de démontrer la popularité nationale du mouvement.

Et puis Washington était alors une ville très sudiste, avec une majorité noire vivant dans des conditions de pauvreté sordides, soumise à une ségrégation presque aussi dure qu'à Birmingham. Dans la matinée du 28 août, une myriade de bus,

Le shérif Connor pensa que les chiens seraient plus efficaces pour disperser la foule que des arrestations massives. Les policiers commandaient à leurs bergers allemands de mordre le ventre des manifestants (ci-dessus). Plusieurs d'entre eux furent hospitalisés. Les photos prises lors de cette manifestation firent le tour du monde, révélant au grand jour les pratiques racistes ultraviolentes des États du vieux Sud. Sans cette couverture médiatique, il est probable que la déségrégation aurait tardé plus encore.

d'automobiles et de trains convergèrent vers la capitale, déversant sur les pelouses du Mall plus de deux cent cinquante mille personnes. Dans la chaleur écrasante de la fin d'après-midi, après d'autres orateurs, King prit enfin la parole.

Le rêve de Martin Luther King

Avec ses intonations caractéristiques, King dénonça l'oppression, promit de continuer la lutte jusqu'à la victoire, affirma que les Noirs « ne seraient pas satisfaits » tant qu'ils seraient parqués dans des ghettos sans espoir, en appela aux principes de justice. Une fois la lecture achevée, King se lança dans une improvisation à la rhétorique typique des sermons des églises baptistes noires, notamment par le recours à la

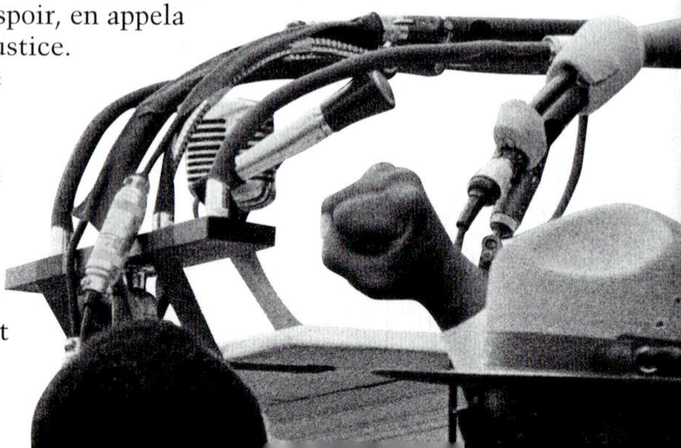

répétition d'un mot ou d'un groupe de mots : *« I have a dream »* (« Je fais un rêve ») est ainsi répété huit fois, *« Let freedom ring »* (« Que la liberté résonne ») quatre... Et, chaque fois, la foule approuvait en criant « amen ! »

Ce discours enflammé qui rappelait les idéaux de justice et d'égalité et affirmait que la couleur de peau ne devrait pas être un handicap ou un malheur aux États-Unis faisait écho au discours d'Émancipation de Lincoln, prononcé un siècle plus tôt, et transforma la manifestation en événement historique.

Dans la foulée de cette manifestation, le prix Nobel de la paix fut attribué à King l'année suivante. Dans son discours de remerciement à l'université d'Oslo, le 11 décembre 1964, King suggéra que le prix lui avait été décerné pour saluer les principes de la non-violence, et il élargit son propos aux questions de pauvreté : « Les nations opulentes doivent faire leur possible pour combler le gouffre entre la minorité riche et la majorité pauvre. » Mais King, tenté de « rester au sommet de la montagne », affirma aussi qu'il devait « retourner dans la vallée, une vallée où des milliers de Noirs sont brutalisés, intimidés, et parfois tués dès qu'ils tentent de s'inscrire sur les listes électorales pour exercer leur droit de vote ».

Le premier objectif des militants était néanmoins atteint : le Civil Rights Act, proposé par Kennedy le 11 juin 1963 et finalement voté le 2 juillet 1964, interdisait toute discrimination et ségrégation dans les lieux publics.

Martin Luther King naquit le 15 janvier 1929 à Atlanta dans une famille de pasteurs baptistes. Son père, « Daddy » King, officiait dans l'église Ebenezer, où son grand-père avait lui aussi officié et où sa mère jouait de l'orgue. Comme tous les enfants mâles de la bourgeoisie noire locale, King fit sa scolarité à Morehouse College. En 1948, il entra au séminaire de Crozer, en Pennsylvanie, où il se prit de passion pour l'étude : il étudia l'évangélisme social et lut avidement Gandhi, dont les théories sur la non-violence retinrent son attention. Déjà à l'époque, il était réputé pour l'éloquence de ses sermons, qu'il perfectionnait en suivant des cours d'art oratoire. Ce talent fut déterminant pour le mouvement des droits civiques. Le discours qu'il prononça à Washington le 28 août 1963 (ci-contre et à gauche, la foule sur le Mall) est resté inscrit dans la mémoire collective américaine : « Je fais le rêve qu'un jour, même l'État du Mississippi, désert étouffant d'injustice et d'oppression, soit transformé en une oasis de liberté et de justice. Je fais le rêve que mes quatre jeunes enfants habitent un jour une nation où ils ne seront pas jugés sur la couleur de leur peau, mais à la mesure de leur caractère. »

« On nous avait dit que nous n'arriverions jamais ici. [...] Mais le monde entier sait aujourd'hui que nous sommes ici et que nous nous adressons aux forces de l'État de l'Alabama pour leur dire : "Nous voici. Et personne ne nous fera rebrousser chemin." La loi sur les droits civiques de 1964 a rendu aux Noirs une partie de la dignité à laquelle ils ont droit. Mais sans le droit de vote, cette dignité demeure sans force. Une fois de plus, la méthode de la résistance non violente a été tirée du fourreau et une fois de plus, une communauté tout entière a été mobilisée pour affronter l'adversaire. Une fois encore, un ordre brutal et moribond a fait retentir ses clameurs à travers le pays. Pourtant Selma a été le théâtre d'un moment étincelant dans la conscience des hommes. Il n'y a jamais eu dans l'Histoire américaine rien de plus inspirant, rien de plus digne d'honneur, que ce pèlerinage entrepris par des religieux et des laïques de toutes races et de toutes confessions, accourus à Selma pour faire face aux dangers , aux côtés des Noirs harcelés. L'affrontement du Bien et du Mal dans les limites étroites de la petite ville de Selma, a poussé le pouvoir a modifié le cours de la vie de toute la nation. »

Martin Luther King,
discours prononcé à
l'arrivée à Montgomery

Les marches de protestation de Selma

À Selma, fin 1964, l'objectif était d'inscrire la population noire locale sur les listes électorales. Seuls 1 % des habitants noirs pouvaient voter, car la commission d'inscription n'ouvrait ses portes que deux jours par mois, selon des horaires imprévisibles. Trois marches de protestation furent organisées, de Selma à Montgomery, à 80 kilomètres. Les deux premières ne parvinrent pas à destination. Celle du 7 mars 1965 fut bloquée par la police sur un pont enjambant la rivière Alabama. Dix-sept marcheurs furent blessés, certains gravement, au cours de cette journée passée à la postérité sous le nom de *Bloody Sunday* (le « dimanche sanglant »). La seconde, deux jours plus tard, menée par King, rebroussa chemin pour éviter une nouvelle confrontation. La troisième fut la bonne. Le 19 mars, les manifestants se mirent en route pour rejoindre Montgomery cinq jours plus tard : l'immense cortège, au long de la route nationale 80, traversant les bourgades sous les insultes et les coups, frappa encore l'opinion et représenta un point culminant du mouvement. Aux côtés de King marchait le rabbin Joshua Heschel, théologien savant et militant des droits civiques, qui expliqua qu'en « marchant à Selma, c'étaient mes pieds qui priaient ». Quatre mois plus tard, le président Johnson signait la loi sur le droit de vote. Le Voting Rights Act de juillet 1965 interdisait les stratagèmes juridiques visant à priver les Noirs du droit de vote. Les Noirs américains étaient devenus des citoyens de plein droit.

C'est sous la présidence de Lyndon Johnson (ci-dessous) que les droits civiques enregistrèrent leurs avancées les plus significatives, avec les lois de juillet 1964 et de juillet 1965. En bon Texan blanchi sous le harnais démocrate du Sud, Johnson ne voulut pas être photographié en compagnie de Martin Luther King lors de leur première rencontre. Au contraire des Kennedy, il conserva ses distances avec les représentants des droits civiques, tout en admettant pragmatiquement la nécessité politique d'accorder les droits civiques aux Noirs. En 1967, passant outre l'opposition des élus démocrates du Sud du Congrès, il nomma Thurgood Marshall, le chef des juristes de la NAACP, à la Cour suprême, faisant de lui le premier Afro-Américain de cette institution. Dans la foulée des droits civiques, il s'attaqua à la pauvreté.

Docteur en théologie, ordonné pasteur en 1953, King resta toute sa vie un homme d'Église animé d'une foi profonde qu'il exprimait dans ses sermons (page de gauche, King prêchant dans son église d'Ebenezer à Atlanta, en 1964). Entré en politique de manière un peu fortuite en 1955 à l'occasion du boycott de Montgomery, il n'en sortira plus et dédiera le reste de sa vie à la cause noire, épaulé par sa femme Coretta Scott (en bas à droite, à Selma). Celle-ci joua un rôle discret mais néanmoins important dans le mouvement, souvent malgré son mari, qui aurait préféré qu'elle se consacrât à leurs quatre enfants… King se révéla à la fois un organisateur de manifestations non violentes et un patient négociateur avec les autorités fédérales (ci-dessus, avec Kennedy à Washington en août 1963). Pour lui, « toute campagne non violente comporte quatre étapes :
1) la collecte des faits qui prouvent ou non l'existence de l'injustice ;
2) la négociation ;
3) l'autopurification [se débarrasser de la haine de l'oppresseur] ;
4) l'action directe. »
« La négociation est l'objectif même de l'action directe dont le but est de créer un tel état de crise que la société se trouve contrainte d'envisager cette solution. » disait-il.

Les émeutes des ghettos noirs

Après le vote des principales lois des droits civiques, King tourna son attention vers la situation dans le nord des États-Unis, qui faisait désormais la une de l'actualité, en raison d'émeutes très graves qui se déroulaient dans les ghettos noirs. Les programmes politique et social prônés par la « Grande Société » de Johnson avaient renforcé les espoirs et les attentes des Noirs, de sorte que les émeutes traduisirent une déception et un ressentiment à l'égard de leurs faibles retombées, et d'une société blanche qui bloquait des aspirations plus élevées que celles de la génération précédente. Le mécontentement provenait bien du décalage entre le « progrès » et la fin de la ségrégation claironnés par l'administration fédérale et la réalité des discriminations vécues quotidiennement.

Les émeutes se déroulaient presque toujours de la même manière : une confrontation entre la police et de jeunes Noirs ; un rassemblement, des altercations entre la population et les forces de l'ordre, l'arrivée de renforts policiers, des jets de bouteilles ou de pierres, et une montée en violence rapide pouvant se conclure par des tirs à balles réelles. Ce fut le cas en juillet 1964 à Harlem (1 mort), en août 1965 à Watts, le grand quartier noir de Los Angeles (34 morts), et à Chicago et Springfield, dans le Massachusetts. Puis une explosion de violence marqua les grandes villes américaines pendant l'été torride de 1967. D'abord à Newark, près de New York, où des milliers d'émeutiers descendirent dans les rues le 12 juillet, après une altercation entre un chauffeur de taxi noir et la police. Après une semaine d'affrontements, on compta 23 morts et des destructions importantes. L'émeute de Detroit fut encore plus violente : elle commença à l'aube du

23 juillet, après une descente de police brutale dans un bar clandestin. Quarante-trois personnes furent tuées lors des six jours d'émeutes, marqués par le déploiement de dix-sept mille agents des forces de l'ordre. Les émeutes gagnèrent les quartiers noirs de tout le pays : on en dénombra cent trois pendant l'été. En dépit des progrès sociaux et politiques des années 1960, les Noirs américains étaient toujours victimes du racisme et des discriminations.

L'émergence du Black Power

Dès le milieu des années 1960, le mouvement noir se radicalisa. Beaucoup de jeunes Noirs estimaient que les droits civiques n'avaient été qu'un leurre, qu'il

Les relations des Noirs des ghettos avec la police étaient historiquement tendues. La situation perdura dans les années 1960. Les votes historiques du Civil Rights Act en 1964 et du Voting Rights Act l'année suivante ne concernaient pas les Noirs du Nord, et plus particulièrement les jeunes, qui se sentaient politiquement délaissés se révoltèrent (ci-contre, jeunes filles poursuivies par des policiers pendant l'émeute de Brooklyn en juillet 1964 et, page de gauche en haut, face-à-face tendu entre des jeunes de Newark et la garde nationale en juillet 1967). L'émeute de Detroit en juillet 1967 marqua le point d'orgue de cette vague. Dans cette ville du nord-est des États-Unis les forces de l'ordre étaient à 95 % blanches et issues du monde ouvrier irlandais et italien, très hostile aux Noirs. Au cours de l'émeute qui éclata au cours de l'été, la police et la garde nationale, dépassées par les événements, reçurent pour consigne de tirer à vue sur les émeutiers. La ville brûla pendant six jours. Il fallut l'intervention de l'armée fédérale pour rétablir le calme.

fallait désormais s'autodéfendre face à la police, et affirmer plus nettement son identité noire. King était respecté, mais jugé trop accommodant avec le pouvoir blanc. L'opposition à la guerre du Vietnam qui mettait en accusation la stratégie et les buts de guerre américains, dénoncés comme impérialistes, s'ajouta à cette situation déjà très tendue. Des militants plus jeunes et plus radicaux issus du SNCC et du CORE considéraient que l'intégration dans la société majoritaire était illusoire. À partir de l'été 1966, le leader du SNCC, Stokeley Carmichael, se fit l'avocat du très radical Black Power, en encourageant les Noirs à s'organiser économiquement et à valoriser leur culture. Malcolm X estimait lui aussi que la société blanche était irrémédiablement raciste et fustigeait Martin Luther King : « Pendant que King fait son rêve, nous autres Noirs vivons un cauchemar. »

Cette perspective séparatiste et identitaire fut prolongée par le Black Panther Party, fondé en 1966 à Oakland (Californie) par Bobby Seale et Huey Newton. Idéologiquement composite, mais tirant sa doctrine du marxisme et du nationalisme noir, le Black Panther Party avait initialement pour objectif

Sur le podium des jeux Olympiques de Mexico en 1968, les athlètes Tommie Smith et John Carlos levèrent leur poing ganté de noir (ci-dessous), tandis que l'Australien Peter Norman arborait un badge en solidarité avec les deux champions, proches des Black Panthers. Leur geste spectaculaire attira l'attention du monde sur la situation des Noirs américains. Le Comité international olympique les expulsa des jeux.

de protéger les quartiers noirs des brutalités policières. En 1968, cette formation radicale comptait près de cinq mille membres, dans la plupart des grandes villes américaines. Elle réclamait la fin de la guerre du Vietnam, la création de programmes sociaux dans les ghettos, un système judiciaire équitable, et prônait l'autodéfense, illustrée par des manifestations de Black Panthers armés, comme à Sacramento en 1967. La même année, Newton fut accusé du meurtre d'un policier et condamné par la suite pour cela, avant d'être libéré en 1970 après avoir fait appel. Il n'empêche que le FBI était déterminé à briser les Panthers, décrits par Edgar Hoover, le patron des services secrets, comme « la plus grande menace pour la sécurité intérieure du pays ». Via son officine secrète, COINTELPRO, le FBI infiltra avec succès le parti, encouragea les rivalités et les règlements de comptes internes, de sorte que cette organisation se désintégra progressivement au début des années 1970.

Malcolm X (1925-1965 ; ci-dessus) fut jusqu'en 1964 le porte-parole de Nation of Islam, mouvement radical dirigé par Elijah Muhammad, qui prônait un nationalisme noir et rejetait toute relation avec les Blancs. Pour ce brillant tribun, une solution politique n'était possible que si les Noirs s'organisaient eux-mêmes en recourant le cas échéant à la violence. Son influence fut réelle chez les jeunes Noirs des ghettos. L'ex champion de boxe Cassius Clay, qui avait rejoint Nation of Islam en 1964 et prit le nom de Muhammad Ali (page de gauche, en haut), refusa de servir au Vietnam. Le Black Panther Party (page suivante en haut à gauche, ses fondateurs, Bobby Seale et Huey Newton) était dans le collimateur du FBI, comme certains de ses militants (ci-contre, Angela Davis).

Le Black Panther Party établit un programme en dix points : « 1) Nous voulons une éducation qui nous enseigne notre véritable histoire et notre rôle dans la société d'aujourd'hui. 2) Nous voulons un accès aux soins gratuits pour les peuples noirs et dominés. 3) Nous voulons la fin immédiate de la brutalité policière et du meurtre des personnes noires. 4) Nous voulons la fin des guerres d'agression. 5) Nous voulons le plein emploi pour notre peuple. 6) Nous voulons la fin des spoliations de notre communauté noire par les capitalistes. 7) Nous voulons des habitations décentes, propres à l'hébergement d'êtres humains. 8) Nous voulons une éducation pour notre peuple qui expose la véritable nature de cette société américaine décadente. 9) Nous voulons la liberté pour tous les hommes noirs détenus dans des prisons municipales, de comtés, d'États, fédérales et militaires. Nous voulons que toutes les personnes noires jugées pour de soi-disant crimes le soient par leurs pairs. 10) Nous voulons des terres, du pain, des logements, de l'éducation, des vêtements, la justice et la paix, et le contrôle des technologies modernes par le peuple. »

La « gauchisation » du discours de King

C'est aux maux des ghettos que King s'attaqua, avec un succès mitigé. À Chicago, King et Abernathy, son plus proche compagnon de lutte depuis le boycott de Montgomery, furent choqués par le niveau de violence, qui leur paraissait supérieur à ce qu'ils avaient connu dans le Sud. Eux qui étaient finalement des bourgeois du Sud ne purent s'acclimater à la pauvreté du ghetto du West Side dans lequel ils s'étaient établis avec leurs familles par solidarité, d'autant qu'ils étaient pris en tenaille par la machine démocrate raciste du maire Daley et les jeunes Noirs radicaux qui considéraient que King, trop modéré, les trahissait.

À la fin de 1966, King quitta Chicago sans avoir amélioré la situation. Son séjour accentua l'importance de la notion de classe dans son analyse des inégalités en Amérique. De fait, en 1967 et 1968, son discours politique se gauchisa : King dénonça les méfaits du capitalisme, et souhaita même que les États-Unis se dirigent vers une forme de « socialisme démocratique ».

Tout en se démarquant du communisme, Martin Luther King exprimait des idées qui le situaient à la gauche du Parti démocrate et l'isolaient des élites politiques. Exactement un an avant sa mort, le 4 avril 1967, King dénonça les États-Unis comme « occupant le Vietnam à l'instar d'une colonie » et comme le « plus grand agent de violence dans le monde ». La grande presse nationale de centre gauche, qui jusque-là l'avait soutenu, le critiqua vertement. L'inflexion à gauche du discours de King se traduisit par la *Poor People's Campaign*, la « campagne des pauvres gens », lancée en 1968 afin de mobiliser les défavorisés du pays. Le projet consistait à les faire converger vers Washington, afin de réclamer une politique de lutte contre la pauvreté plus énergique. Mais cette fois-ci, King ne réussit pas à entraîner ses amis des droits civiques, qui considéraient que ses demandes étaient chimériques et risquaient d'entraîner une réaction conservatrice. C'est dans cette situation délicate que King se trouvait, le 4 avril 1968, lorsqu'il fut abattu sur le balcon du motel Lorraine, à Memphis.

Noir et fier de l'être

Les émeutes des ghettos et les mouvements radicaux noirs (les Panthers et d'autres, à dimension locale) avaient déplacé la question noire du Sud vers le Nord et l'Ouest, et du terrain juridique et politique au terrain économique et social. En même temps, les revendications identitaires s'affirmaient,

Dès le début des années 1960, des personnalités blanches s'engagèrent aux côtés de King, comme Charlton Heston, Marlon Brando, Burt Lancaster, Bob Dylan et Joan Baez (page de gauche en haut, elle accompagne les enfants d'une école déségréguée de Grenada (Mississippi) avec King, en 1966). À partir de 1967, les étudiants radicaux, les intellectuels, ainsi que certains militants noirs et féministes associèrent l'impérialisme américain au Vietnam à l'oppression raciale et sociale. La « Campagne des pauvres gens » (page de gauche, badge) organisée par King en 1968 dénonçait entre autres les dépenses militaires qui rognaient les budgets sociaux.

Martin Luther King vient d'être assassiné, au premier étage du motel Lorraine, un établissement miteux du centre de Memphis. Ses collaborateurs désignent à la police l'endroit d'où est provenu le tir (ci-contre). King décéda une heure plus tard à l'hôpital. L'autopsie révéla que son cœur, épuisé par treize années de luttes, ressemblait à celui d'un homme de 60 ans. Il en avait 39 !

Aux films engagés de Sidney Poitier des années 1960 (*Dans la chaleur de la nuit* et *Devine qui vient dîner ?*) succéda au début des années 1970 un cinéma populaire noir visant une audience afro-américaine, le *Blaxploitation*. Il proposait des films d'action dans lesquels des souteneurs et des trafiquants noirs affrontaient des policiers

ripoux et des politiciens corrompus blancs, dans des ambiances urbaines sordides. Richard Roundtree, qui interpréta en 1971 un détective noir dans *Shaft* (ci-dessus), film célèbre pour sa bande-son saturée de soul et de funk, et Pam Grier (ci-dessus, à gauche) furent deux figures majeures du genre. Les stéréotypes véhiculés dans ces films furent dénoncés par la NAACP.

par la promotion de manières d'être « noir ». À partir de la fin des années 1960 en effet, un mouvement de fierté noire revalorisa les peaux sombres. En 1968, James Brown chantait son fameux : *Say It Loud! I'm Black and I'm Proud* (« Dis-le bien fort ! Je suis noir et j'en suis fier »). La chanson donne à entendre Brown : « *Say it loud!* », auquel un chœur d'enfants répond : « *I'm Black and I'm proud!* » Paradoxalement, les enfants recrutés pour l'enregistrement à Los Angeles étaient blancs pour la plupart ou d'origine asiatique ! Les cheveux défrisés (les *good hair*), obsession des Noirs américains (hommes compris) étaient désormais moins requis, et les

Né en Caroline du Sud dans un milieu misérable, James Brown (1933-2006 ; ci-contre) forma son premier orchestre lors d'un séjour en prison, à l'âge de 16 ans. Son style musical évolua du gospel et du blues de ses débuts au R&B puis au funk, à partir de la fin des années 1960 dans différents groupes, dont The Famous Flames, puis The J. B.'s.
Il associa sa musique aux revendications des Noirs, et mêla sa création débridée au renouveau identitaire, dont la chanson *Say it Loud* fut un symbole (ci-dessous, pochette du 33-tours sorti en 1968). Brown la chantait lors de tous ses concerts, devant une foule toujours avide de reprendre « *I'm Black and I'm proud !* ».

coiffures afro poussaient comme des champignons ; les peaux très sombres n'étaient plus objet de moqueries. Des Noirs militants s'habillaient de vêtements africains. Henry Louis Gates a raconté l'euphorie des jeunes gens qui arboraient avec fierté des cheveux au naturel, en s'appelant *beautiful black brothers and sisters* et buvaient de l'Afro-Cola. C'est alors que le terme de *Black* s'imposa, de préférence à celui de *Negro*, très couramment utilisé jusqu'au milieu des années 1960.

A New Hope
HILLARY'S LAST STAND
THE BLACK CROWES

Après la conquête des droits civiques, les Noirs américains sont entrés dans une nouvelle phase de leur histoire. Au nombre de 22,6 millions dans les années 1970, ils sont aujourd'hui près de 40 millions, soit 13 % de la population totale contre 11 % quarante ans auparavant. Cette augmentation relative s'accompagne d'une hétérogénéité sociale et culturelle plus grande. Si l'élection d'Obama est un moment historique dans la conquête de l'égalité, les Noirs les plus pauvres restent toujours socialement très marginalisés.

CHAPITRE 5

CONQUÊTES POLITIQUES ET DIFFICULTÉS SOCIALES

La probabilité de voir un président noir s'installer à la Maison-Blanche paraissait inconcevable jusqu'en 2008, lorsque Barack Obama, au terme d'une campagne haletante, fut élu président des États-Unis (page de gauche, Obama en campagne en juin 2008). Comme beaucoup de Noirs éduqués, il a bénéficié des programmes d'*affirmative action* mis en place après 1965.

Une nouvelle visibilité politique

Au milieu des années 1960, le nombre d'élus noirs était encore infime : on ne comptait alors parmi eux que six membres de la Chambre des représentants et aucun maire de grande ville. Il fallut attendre 1967, qui marqua un tournant politique important, pour constater des progrès dans la représentation politique des Noirs avec l'élection de maires noirs dans plusieurs métropoles du pays. À Gary, dans l'Indiana, et surtout à Cleveland, dans l'Ohio, où Carl Stokes fut élu de justesse devant son adversaire républicain grâce à une mobilisation sans précédent des électeurs noirs et des électrices blanches, lesquelles votaient plus volontiers pour les candidats noirs, quand il y en avait, que les hommes blancs. D'autres villes suivirent, comme Newark et Los Angeles, qui élut Tom Bradley maire de 1973 à 1993, puis Atlanta, La Nouvelle-Orléans et Detroit.

Parallèlement, dix-sept Afro-Américains, dont quatre femmes, entraient à la Chambre des représentants. Seul le Sénat resta pratiquement fermé aux Noirs : il fallut attendre un siècle après l'élection des sénateurs de la Reconstruction Hiram Revels et Blanche K. Bruce pour y voir siéger de nouveau un Afro-Américain, le républicain Edward Brook, élu de 1967 à 1979. Depuis, les seuls Noirs à avoir accédé à la fonction sénatoriale ont été Carol Moseley-Braun, de 1992 à 1998, et Barack Obama de 2004 à 2008.

C'est à la même époque que le poids grandissant des Noirs dans le Parti démocrate les conduisit à réclamer des postes dans les instances du parti, et plus de délégués dans les conventions nationales. En effet, les Afro-Américains qui représentaient désormais 20 % des électeurs démocrates en moyenne nationale ne voulaient plus être un simple

L'inscription des Afro-Américains sur les listes électorales au milieu des années 1960 leur permit de peser sur l'issue des scrutins dans le Sud, mais aussi dans le Nord, où ils votaient relativement peu jusqu'à l'élection de John Kennedy, en 1960. Ce dernier l'emporta de peu sur Nixon dans l'État clé de l'Illinois grâce aux électeurs noirs de Chicago. En outre, des candidats noirs purent se faire élire à la tête de grandes villes. Ci-dessus, Tom Bradley prêtant le serment de maire à Los Angeles en juillet 1973 devant Earl Warren, ancien président de la Cour suprême ; en haut à droite, trois maires noirs emblématiques bavardent avec Robert Weaver, ministre du logement, en 1967 : Carl Stokes de Cleveland, Walter E. Washington, maire désigné de Washington et Richard Hatcher, de Gary.

appoint électoral et entendaient peser directement sur leur parti. À cet effet, ils créèrent des lobbies, comme le Congressional Black Caucus (1969), qui rassemble les élus noirs du Congrès, et la National Black Political Assembly.

Des changements intervinrent aussi du côté du pouvoir exécutif. Jimmy Carter, élu à la Maison-Blanche en 1976, nomma des Noirs à des postes importants, dont Patricia Harris ministre du Logement et Andrew Young ambassadeur aux Nations unies, et bien d'autres à des postes de responsabilités moins en vue. Au milieu des années 1970, même si moins de 60 % des électeurs noirs potentiels étaient inscrits sur les listes électorales, le bilan politique pour les Noirs américains s'avérait positif. La situation socioéconomique restait plus contrastée.

Shirley Chisholm (1924-2005), fut en 1968 la première femme noire élue au Congrès, comme représentante de New York (ci-dessous, entourée de ses collaboratrices). Elle fut aussi candidate aux primaires démocrates lors de l'élection présidentielle de 1972, où elle rassembla 151 délégués.

La classe moyenne noire et l'*affirmative action*

À partir des années 1970, on assista à une consolidation de la classe moyenne-supérieure noire, qui accéda à des domaines jadis réservés aux Blancs, en particulier dans la fonction publique moyenne et supérieure et dans les grandes entreprises. Ce développement fut favorisé en grande partie par la mise en place des programmes d'*affirmative action* à partir de 1965. L'*affirmative action*, que l'on traduit en français par « discrimination positive », recouvre, aux États-Unis, un ensemble de mesures qui accordent aux membres de groupes ayant été soumis dans le passé à un régime juridique discriminatoire un traitement préférentiel dans l'attribution de certains biens. Le dispositif s'applique à l'accession aux emplois publics, à l'admission dans les universités et à l'attribution de marchés publics. À partir de 1965,

En 1971, la Cour suprême a autorisé le *busing*, c'est-à-dire l'affectation des enfants dans des écoles éloignées de leurs quartiers d'origine pour favoriser la mixité raciale – ce qui supposait de réorganiser les transports scolaires pour emmener les enfants noirs dans des écoles blanches et vice-versa. Ce fut d'abord le cas à Charlotte, puis dans d'autres villes. À Springfield et Boston, le *busing* suscita des oppositions violentes (ci-contre, badge de soutien). Le système a progressivement pris fin dans les années 1990.

l'*affirmative action* a pris une forme plus énergique, visant à recruter les candidats en fonction, notamment, mais pas exclusivement, de leur identité « raciale ». Il s'agissait de contribuer à la « diversité » – un terme devenu officiel en 1978 par l'arrêt Bakke de la Cour suprême – en prenant en compte cette identité dans le processus de sélection, la diversité étant désormais considérée comme une chose positive pour tous les corps sociaux.

Une des principales conséquences de l'*affirmative action* fut d'ouvrir les portes des grandes universités aux minorités, notamment aux femmes et aux Noirs. La hausse du niveau d'éducation en est une conséquence directe. Alors qu'en 1960, 3 % des Noirs possédaient un diplôme universitaire (contre 8 % des Blancs), 8 % en étaient titulaires en 1980 et 13 % en 2008 (contre 23 % des Blancs). Certains surent profiter de l'ouverture de domaines très exclusifs, comme la conquête spatiale. En 1983, le pilote de chasse Guion Bluford devint ainsi le premier astronaute noir, suivi en 1991 par Mae Jemison, une Afro-Américaine docteur en médecine.

Dans un arrêt de 1978, la Cour suprême décida que les quotas de minorités étaient anticonstitutionnels pour déterminer l'entrée à l'université. En revanche, elle valida l'*affirmative action* en la fondant sur la diversité. La « race », comptant parmi les critères de diversité, pouvait donc être prise en compte dans les procédures d'admission. De nombreuses personnalités noires doivent à ce système d'avoir pu faire des études (page de gauche, remise de diplôme à Harvard en 2005) ou d'obtenir des hauts postes (ci-dessus, Mae Jemison).

La naissance de l'« hyper-ghetto »

En revanche, les perspectives sont restées bouchées pour ceux qui se trouvaient en bas de l'échelle sociale. Les années 1970 ont vu se creuser un fossé de plus en plus grand entre une classe moyenne noire qui a su améliorer ses conditions de vie en profitant de l'ouverture du système économique, et une classe prolétaire noire (31 % des Afro-Américains vivaient au-desssous du seuil de pauvreté en 1976), dramatiquement fragilisée par la conjonction de trois phénomènes.

BULLS
23

Dans les années 1970, les Noirs américains sont apparus de façon plus visible dans le sport et l'industrie du spectacle. Les sports les plus populaires comme le basket et le football américain se sont « colorés » jusqu'à devenir noirs aux trois-quarts aujourd'hui. Certains sportifs sont aujourd'hui des grandes vedettes, connues mondialement, comme Michael Jordan (page de gauche). Au cinéma et à la télévision, leur visibilité a aussi cru : Oprah Winfrey (ci-dessus) est célèbre pour son talk-show, tandis que certains des acteurs les plus populaires sont noirs (à gauche, Denzel Washington et Halle Berry recevant un oscar).

Tout d'abord la raréfaction des emplois peu ou pas qualifiés dans les centres-villes, liée au déplacement loin des agglomérations des activités manufacturières désormais hors d'atteinte géographique pour les jeunes Noirs et Hispaniques urbains déscolarisés. L'explosion du chômage qui s'en est suivi a favorisé l'essor des activités délictueuses et criminelles, en particulier le commerce de la drogue, qui est devenu une activité à grande échelle à partir des années 1970.

Le départ des classes moyennes vers des quartiers résidentiels a également contribué à isoler les populations les plus démunies. Tant qu'elles étaient encore là, il subsistait des institutions viables (écoles, églises, magasins) qui tiraient leur stabilité et leurs revenus de la présence de familles salariées tout en bénéficiant aux plus pauvres. En outre, pour les enfants, l'existence de personnes à revenu constant, tiré de formes de travail conventionnelles, fournissait un modèle social positif. Avec la disparition du tampon de la classe moyenne du ghetto dans les années 1970, l'isolement croissant de ceux qui restaient a rendu la recherche du travail ouvrier, qui s'appuyait traditionnellement sur des

Dans les ghettos noirs des années 1970 l'entraide familiale, l'aide sociale, le travail au noir et les activités parallèles (trafic de drogue, prostitution, vols, escroqueries à l'assurance) constituaient des moyens de survie. L'économie criminelle de la drogue a accru la violence de manière catastrophique, sapé les relations familiales et découragé le travail légal. À cela s'est ajoutée l'épidémie de SIDA, à partir des années 1980, qui a touché de manière disproportionnée les ghettos et accentué leur détérioration sanitaire (en bas à gauche, famille de North Bergen, dans le New Jersey). Les écoles publiques des ghettos, vétustes, surpeuplées et ségréguées, ont souffert des restrictions budgétaires des villes, elles-mêmes en difficulté financière. Le taux d'échec scolaire était déjà très élevé, et les enfants souvent livrés à eux-mêmes (ci-contre, rue du Bronx en 1971). C'est dans ce contexte qu'est née la culture hip-hop (rap, graffiti, breakdance, etc.) qui est devenue un mode de vie pour une partie de la jeunesse noire et hispanique. Certains groupes de rap, comme Public Enemy de New York, ont exprimé une rage militante engagée.

réseaux familiaux et communautaires, plus difficile encore. Enfin, la forte augmentation du nombre de mères seules noires a également contribué à fragiliser économiquement les familles en question. En 1940, 18 % des foyers noirs étaient monoparentaux (dirigés par la mère), contre 28 % en 1970, 42 % en 1983 et 70 % aujourd'hui (mais 35 % pour les familles blanches). La situation économique est certainement à prendre en compte : le taux de chômage des hommes jeunes tend à limiter leur capacité à faire vivre une famille, et cette grande fragilité économique les rend très réticents à l'égard d'un engagement marital. Mais s'il y a moins d'hommes sur le « marché matrimonial », c'est aussi en raison du nombre de jeunes hommes noirs décédés ou incarcérés (un jeune noir sur dix est en prison contre un jeune blanc sur cent dans les 20-34 ans).

Cette situation sociale marquée par une extrême insécurité sociale et une forte discrimination raciale dessine le ghetto noir contemporain, que certains sociologues appellent l'« hyper-ghetto ».

L'inflexion conservatrice des années 1980

En 1980, l'élection de Ronald Reagan permit le retour des conservateurs au pouvoir. Dans le droit-fil de sa campagne électorale victorieuse, durant laquelle il avait stigmatisé les *welfare queens* (les « reines des allocs »), implicitement noires, il désigna une fois élu des personnalités très conservatrices pour diriger les agences de lutte contre les discriminations, comme l'United States Commission on Civil Rights, tandis que les hauts fonctionnaires afro-américains nommés par Carter étaient mis sur la touche. C'est avec des réticences à peine dissimulées que, le 2 novembre 1983, Reagan parapha une loi votée par le Congrès, faisant de la date anniversaire de Martin Luther King une journée de commémoration nationale, marquée par un jour de congé (le troisième lundi de janvier). Il n'en reste pas moins que les années 1980, qui virent les inégalités économiques se creuser et l'intervention redistributrice de l'État reculer, furent perçues comme défavorables aux Afro-Américains, qui considéraient très majoritairement que les républicains au pouvoir (Ronald Reagan puis George Bush senior) leur étaient indifférents, voire sourdement hostiles.

La situation des grandes villes était différente. La poussée afro-américaine des années précédentes se poursuivit, en particulier à Chicago, où Harold Washington fut élu maire en 1983, premier Noir à occuper cette fonction. Après une longue carrière dans les arcanes d'une cité aux mœurs politiques féroces, il dut batailler tout au long de son premier mandat contre une partie des élus municipaux démocrates qui lui étaient hostiles. Réélu maire en

Les deux candidatures de Jesse Jackson à l'investiture démocrate pour l'élection présidentielle retinrent l'attention dans les années 1980. Né en 1941 dans une Caroline du Sud corsetée dans la camisole de la ségrégation, il abandonna tôt ses études pour se consacrer au militantisme noir. Jackson était au motel Lorraine de Memphis, quand King fut assassiné. Il a été un militant énergique et courageux, un orateur charismatique mais légendairement mal organisé. Il a emporté deux primaires en 1984, et sept en 1988, en attirant 92 % du vote noir et seulement 17 % du vote blanc, ce qui était insuffisant face à ses adversaires, Mondale puis Dukakis. Jackson visait le vote des minorités, une stratégie habile mais insuffisante pour espérer l'emporter. La leçon sera retenue.

1987, le populaire Harold Washington mourut d'une crise cardiaque peu de temps après, au grand désarroi des habitants noirs de Chicago.

Cette présence politique noire dans les municipalités n'était cependant pas sans ambiguïtés. Elle s'accompagnait en effet d'un appauvrissement des grands centres urbains, désertés par les sièges des grandes entreprises et les classes moyennes blanches. Les villes manquaient de revenus pour mettre en place des programmes d'aide efficaces et durables aux populations démunies qui continuaient d'y résider.

Les émeutes qui éclatèrent à Los Angeles en 1992 révélèrent la persistance des difficultés socioéconomiques des habitants des ghettos et l'impuissance des maires des grandes villes, y compris des maires noirs, à y remédier durablement.

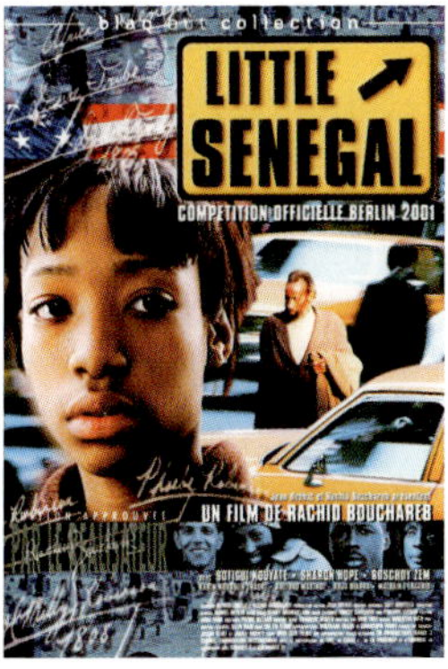

Durant les années 1980 et 1990, la population noire américaine est devenue plus diverse, principalement en raison de l'installation croissante de Noirs venus des Caraïbes (Jamaïque et Haïti) et du continent africain, chassés de leurs pays par la dictature ou la misère. Depuis 1990, environ 50 000 migrants africains légaux entrent annuellement aux États-Unis. À New York, un Noir sur trois est né à l'étranger. Il existe un quartier « Little Senegal » du côté de la 116e rue à Harlem, et d'autres quartiers à Brooklyn et dans le Bronx où la population africaine est importante (ci-contre, affiche du film *Little Senegal*, 2001).

L'affaire Rodney King démontra qu'en dépit des avancées politiques, la situation des ghettos urbains demeurait difficile, notamment les relations avec la police (en haut, incendies pendant l'émeute de Los Angeles de 1992, et, ci-dessus, extrait de la vidéo amateur du passage à tabac de Rodney King).

L'affaire Rodney King cristallisa le mécontentement et la frustration des Noirs, particulièrement des plus pauvres. Tout commença par l'arrestation de Rodney King, un automobiliste noir, et son passage à tabac par la police de Los Angeles en mars 1991. L'affaire aurait été relativement banale si elle n'avait été filmée par un vidéaste amateur et montrée sur les écrans de télévision du monde entier. Le scandale fut national : une partie importante de la presse et de l'opinion publique demandèrent la démission du chef de la police de Los Angeles et des sanctions à l'égard des quatre policiers fautifs. Or, leur procès, en avril 1992, se solda par un acquittement. Ce verdict étonnamment clément suscita la colère des Afro-Américains, et plongea Los Angeles dans une grave émeute : en quatre jours, on compta 38 morts, 4 000 arrestations, 3 700 immeubles incendiés et plus de 500 millions de dollars de dégâts.

Le retour des démocrates

En novembre 1992, l'élection de Bill Clinton fut saluée avec soulagement dans le monde afro-américain, non seulement parce qu'elle marquait le retour des démocrates au pouvoir après douze années d'opposition (y compris au Congrès, dont la Chambre des représentants comptait désormais 39 Noirs), mais aussi parce que le nouveau président avait promis une administration qui « ressemblerait à l'Amérique ». De fait, il choisit quatre ministres afro-américains, et nomma d'autres Noirs à des postes importants de son administration. La romancière Toni Morrison vit en Clinton le « premier président noir », une manière pour elle de saluer l'empathie évidente de cet homme du Sud pour les Afro-Américains et leur culture – y compris musicale, puisqu'il jouait du jazz.

Pour autant, les mandats de Clinton ne remirent pas profondément en question l'héritage de Reagan, notamment le désengagement de l'État des affaires sociales. En août 1996, Clinton paracheva le démantèlement des activités d'assistance sociale en mettant fin au *welfare*, qui, depuis la création de la sécurité sociale en 1935, bénéficiait surtout aux mères seules, surreprésentées dans la communauté noire.

Sous la présidence Clinton, l'État américain engagea un retrait de ses activités d'assistance sociale (ci-dessous, Bill Clinton signe la fin du *welfare*, en août 1996). L'Aid to Families with Dependent Children (AFDC) fut remplacé par le Temporary Assistance to Needy Families (TANF). Depuis, les États fédérés reçoivent une somme fixe pour l'aide aux familles pauvres ; l'assistance est limitée à soixante mois et les récipiendaires ont obligation de travailler. 25 à 40 % des femmes qui quittent l'assistance pour un travail salarié y retournent au bout d'un an, et 70 % au bout de cinq.

Une indifférence à peine dissimulée

L'arrivée au pouvoir de George W. Bush en janvier 2001 marqua une très forte inflexion à droite de la vie politique américaine. Paradoxalement, si le nouveau président nomma moins d'Afro-Américains dans son administration que son prédécesseur, deux d'entre eux le furent à des postes majeurs : Colin Powell, ancien chef d'état-major de l'armée américaine, devint secrétaire d'État, et Condoleezza Rice, conseillère à la Sécurité nationale avant de remplacer Powell en 2005. En dépit de ces nominations, l'administration Bush n'apparut pas comme favorable aux Noirs. Les programmes de baisses d'impôts avantagèrent nettement les hauts revenus, limitant les capacités redistributrices de l'État en direction des plus pauvres, d'autant plus que les guerres d'Afghanistan et d'Irak ponctionnaient ses ressources.

Ce désintérêt devint flagrant en septembre 2005 lors de l'inondation catastrophique de La Nouvelle-Orléans, après le passage du cyclone Katrina. Les autorités fédérales réagirent aussi tardivement que mollement, sans prendre la mesure de la situation

Colin Powell (ci-dessus, au centre) est né en 1937 à Harlem de parents d'origine jamaïcaine. Entré dans l'armée après ses études, il fut le premier Afro-Américain nommé au poste de chef d'état-major de l'armée américaine de 1989 à 1993. Républicain modéré, il est ensuite choisi par George Bush pour être secrétaire d'État. En 2008, il prend ses distances et choisit de soutenir Obama. Condoleezza Rice (ci-dessus, à gauche), elle, faisait partie du cercle rapproché de Bush. Née en 1954 à Birmingham, elle enseigna les sciences politiques à Stanford University avant d'être nommée conseillère à la sécurité nationale en 2000 et de remplacer Powell.

tragique à laquelle étaient confrontés des milliers de personnes, très majoritairement des Noirs pauvres, abandonnés à leur sort, sans nourriture ni eau potable. Le passage en avion de George W. Bush au-dessus de la ville en souffrance symbolisa l'indifférence du gouvernement et marqua fortement les esprits. Il n'est dès lors pas étonnant que les Afro-Américains aient rejeté massivement les républicains lors des élections législatives de 2006, et surtout de l'élection présidentielle de 2008.

Obama : le Roosevelt noir ?

2008 est d'ores et déjà une grande date de l'histoire américaine. Ce que nul n'osait imaginer il y a peu, ce que Martin Luther King n'envisageait ni de son vivant ni de celui de ses enfants, est arrivé : Barack Obama, un Noir dont la famille paternelle est kényane, a été élu président des États-Unis le 4 novembre, au terme d'une campagne qui a captivé le monde entier.

Le passage du cyclone Katrina, responsable de la mort d'au moins 1 800 personnes, a révélé la situation d'abandon social et politique dans lequel se trouvaient les habitants pauvres de La Nouvelle-Orléans, des Noirs en grande majorité. Les autorités municipales furent accusées de ne pas avoir prévu l'évacuation des résidents (ci-dessous) et l'administration fédérale d'avoir sous-estimé la gravité de la situation. Une partie de la population noire déplacée n'est toujours pas revenue en ville.

Pendant les primaires démocrates, Obama avait dû affronter une redoutable concurrente : Hillary Clinton, épouse de l'ancien président. Au printemps 2008, Obama l'emporta finalement, en mobilisant davantage de ressources financières et surtout militantes : il sut mettre à profit, en particulier, les réseaux Internet pour recruter et organiser des équipes de militants qui quadrillèrent le pays d'une manière systématique. C'est certainement la personnalité charismatique d'Obama, plutôt que ses propositions, qui électrisèrent les électeurs démocrates et lui permirent de distancer sa rivale. L'organisation électorale construite par Obama est sans conteste la plus sophistiquée, la plus huilée, la mieux financée que la politique américaine ait jamais connue. À l'automne, elle tourna à plein régime contre le candidat républicain John McCain,

The New York Times

NEW YORK, WEDNESDAY, NOVEMBER 5, 2008

OBAMA

RACIAL BARRIER FAL

qui fut nettement battu le 4 novembre (365 grands électeurs contre 173), y compris dans des États historiquement républicains comme la Virginie.

La crise économique qui a éclaté pendant la campagne présidentielle a nettement contribué à la victoire d'Obama, en ralliant à lui une fraction de l'électorat blanc modeste, jusque-là réticente en raison de sa couleur de peau. Obama a su admirablement profiter de la situation en fustigeant l'administration républicaine et en insistant sur le rôle redistributeur et régulateur de l'État.

Parallèlement, le candidat noir a pris garde à ne pas apparaître comme le candidat des Noirs, encore moins des Noirs pauvres, et son programme est resté

Le style d'Obama se distingue de la tradition politique afro-américaine. Cet excellent orateur s'exprime de manière posée, sobre, avec peu d'« effets de manche ». En effet, le style afro-américain est historiquement plus expressif, métaphorique, et emprunte beaucoup à l'art oratoire des pasteurs baptistes. Dans les églises noires, l'émotion est sollicitée, bienvenue ; c'est une manière de se rapprocher de Dieu. La transe est même possible, signe d'une inspiration divine. En ce qui concerne le style, Obama n'a donc pas grand-chose à voir avec Martin Luther King. L'un est plutôt froid et cérébral quand l'autre était lyrique et exalté. L'un contrôle ses émotions et millimètre ses propos ; l'autre laissait aller son inspiration à partir d'un verset biblique, et, sans jamais perdre de vue l'objectif du discours ou du sermon, se lançait dans des improvisations haletantes.

IN DECISIVE VICTORY

évasif à leur sujet. Il a préféré se présenter comme l'homme de la réconciliation, que ses origines incarnent, entre Noirs et Blancs. Les Noirs ont voté Obama dans des proportions record, voisines de 95 %.

Si les Noirs américains sont dans leur grande majorité fiers des progrès accomplis depuis un demi-siècle, de leur représentation politique et de leur forte visibilité dans les domaines culturel et sportif, ils sont aussi inquiets de leur situation sociale, de l'avenir de leurs enfants et beaucoup ont le sentiment que leurs espoirs d'ascension sociale n'ont été que des mirages. Ils attendent donc d'Obama qu'il soit plus qu'un symbole éloquent, un grand président réformateur, un Roosevelt noir.

« Je suis le fils d'un Noir du Kenya et d'une Blanche du Kansas. J'ai été élevé par un grand-père blanc qui a survécu à la Grande Dépression puis a servi dans l'armée de Patton pendant la Seconde Guerre mondiale et par une grand-mère blanche qui a travaillé dans une usine de bombardiers [...] pendant que lui était de l'autre côté de l'océan. Je suis allé dans des écoles parmi les meilleures d'Amérique et vécu dans l'un des pays les plus pauvres du monde. Je suis marié à une Noire américaine qui porte en elle le sang d'esclaves et de propriétaires d'esclaves – un héritage que nous avons transmis à nos deux filles bien-aimées. J'ai des frères, des sœurs, des nièces, des neveux, des oncles et des cousins, de toutes les races et de toutes les couleurs, répartis sur trois continents et, jusqu'à la fin de mes jours, je n'oublierai jamais que, dans aucun autre pays sur Terre, mon histoire ne serait même possible. C'est une histoire qui n'a pas fait de moi le candidat le plus conventionnel. Mais c'est une histoire qui a inscrit jusque dans mes gènes l'idée que cette nation est plus que la somme de ses composantes... »

Barack Obama

TÉMOIGNAGES ET DOCUMENTS

Le statut des Noirs dans les textes juridiques

Entre 1865 et 1965, des amendements à la Constitution, des arrêts de la Cour suprême et des lois votées par le Congrès ont défini la situation juridique des Noirs américains : d'abord l'abolition de l'esclavage et l'égalité des droits, puis la ségrégation, enfin la déségrégation et la reconnaissance des droits politiques.

13e amendement

Voté le 6 décembre 1865, au sortir de la guerre de Sécession, cet amendement inscrivit dans la Constitution l'interdiction de l'esclavage.

L'esclavage est formellement interdit sur le territoire des États-Unis et tout territoire sous sa juridiction, sauf s'il représente une « punition d'un crime dont le coupable aura été dûment convaincu ».

14e amendement

Voté le 9 juillet 1868, cet amendement visait à garantir la citoyenneté des anciens esclaves.

Toute personne née aux États-Unis en est citoyen. Les États ne peuvent porter atteinte à leur vie, liberté, ou propriété sans une procédure légale régulière, et doivent à tous l'égale protection de la loi. La représentation au Congrès et à l'élection présidentielle des États qui n'accorderait pas le suffrage universel [masculin, au-delà de 21 ans] est réduite en proportion du nombre de personnes interdites de vote. Les personnes ayant prêté assistance à la rébellion sont interdites de fonctions officielles dans le gouvernement des États-Unis. Les dettes contractées par les États confédérés en rébellion contre les États-Unis sont nulles, aucune compensation ne peut être demandée pour l'émancipation des esclaves.

15e amendement

Voté le 3 février 1870, cet amendement avait pour objectif d'interdire aux États du Sud de retirer le droit de vote aux Noirs.

Le droit de vote ne peut être restreint ou refusé en raison de la race ou d'une condition antérieure de servitude.

Arrêt Plessy v. Ferguson

Cet arrêt de la Cour suprême rendu en 1896 valida les pratiques de ségrégation déjà largement répandues dans le Sud, au motif que la séparation des races était compatible avec leur égalité.

L'objet de l'amendement est sans aucun doute d'imposer une totale égalité des deux races devant la loi. Mais de par la nature des choses, il ne peut avoir voulu abolir les distinctions fondées sur la couleur, imposer une égalité sociale par opposition à politique, ni le mélange des deux races selon des termes qui ne seraient satisfaisants pour aucune.
Les lois permettant ou même imposant leur séparation, dans les lieux où elles pourraient entrer en contact n'impliquent

pas l'infériorité d'une des races par rapport à l'autre et ont généralement, sinon universellement, été reconnues comme relevant de la compétence des législatures des États, dans l'exercice de leur pouvoir de police [...].

L'argument suppose nécessairement que la séparation imposée des deux races mette une marque d'infériorité sur la race colorée. S'il en est ainsi, ce n'est pas en raison de quoi que ce soit qu'on puisse trouver dans la loi, mais seulement en raison de l'interprétation que la race colorée choisit d'en faire. L'argument suppose aussi que la loi pourrait venir à bout des préjugés sociaux, et que des droits égaux pour les Noirs ne pourraient être assurés qu'en imposant l'intégration des deux races. Nous ne pouvons accepter cette proposition. Si les deux races doivent se rencontrer socialement à égalité, ce sera à la suite de l'appréciation mutuelle de leurs mérites, et du consentement volontaire des individus. Ces fins ne peuvent être atteintes, ni approchées par des lois qui vont à l'encontre du sentiment général de la communauté à laquelle elles s'appliquent.

Arrêt Brown v. Board of Education

Cet arrêt du 17 mai 1954 annula le précédent en indiquant que la ségrégation des écoles publiques violait la Constitution.

La ségrégation des enfants blancs et noirs dans les écoles publiques d'un État, sur le seul fondement de leur race, et en vertu d'une loi dudit État autorisant ou imposant une telle ségrégation, dénie aux enfants noirs la protection égale devant la loi garantie par le 14e amendement – même dans le cas où les établissements scolaires pour Blancs et pour Noirs proposent des équipements et autres éléments « tangibles » équivalents.

Loi de 1964 (titre II)

Cette loi, votée au terme de dix ans de lutte du mouvement des droits civiques, précise que toute forme de ségrégation ou de discrimination est interdite dans un lieu public.

Toute personne a droit à la jouissance pleine et égale des biens, services, équipements, privilèges et avantages de tout lieu public tel qu'il est défini dans cette section, sans aucune discrimination ou ségrégation fondée sur la race, la couleur, la religion ou l'origine. [...] Aux fins du présent titre, est considéré comme lieu public tout établissement destiné au public si son fonctionnement est de nature commerciale, ou si la discrimination ou ségrégation qui y est exercée s'appuie sur une pratique d'État.

Loi de 1965 sur le droit de vote

Cette loi, relative à l'application du 15e amendement à la Constitution interdit les stratagèmes juridiques utilisés pour priver les Noirs du droit de vote.

Section 2 : Aucune restriction ou condition au vote, aucune norme, pratique ou procédure ne peut être imposée ou appliquée, par quelque État ou entité administrative que ce soit, dans le but de refuser ou de limiter le droit de vote de quelque citoyen américain que ce soit en raison de sa race ou de sa couleur. [...]
Section 4 : a) Afin de garantir que le droit de vote d'un citoyen des États-Unis ne sera pas refusé ou limité en raison de sa race ou de sa couleur, nul citoyen ne peut se voir refuser le droit de voter à une quelconque élection fédérale, d'État ou locale au motif qu'il ne se conformerait pas à un critère ou à une procédure en vigueur dans quelque État que ce soit.

Les chemins de l'égalité

Les grands leaders noirs américains ont choisi des voies diverses pour lutter contre l'injustice. Deux grands débats restent emblématiques de leurs désaccords stratégiques. Celui entre Washington et Du Bois, au moment où la ségrégation se met en place juridiquement et, un demi-siècle plus tard, celui entre Martin Luther King et Malcolm X, dont les méthodes pour obtenir l'égalité des droits civiques sont à l'opposé. Quarante ans plus tard, Barack Obama prend en compte cet héritage intellectuel et politique d'une manière originale en le reformulant pour les États-Unis du XXIe siècle.

La solution du compromis

Le 18 septembre 1895, Booker T. Washington s'adresse à une audience nationale à l'Exposition universelle d'Atlanta. Partisan d'un compromis avec les sudistes, il explique que les Noirs doivent rester humblement aux côtés des Blancs, travailler et rejeter les chimères d'égalité sociale. Il ne remettait pas en cause la ségrégation.

Un tiers de la population du Sud est de race noire. Aucune entreprise ayant à cœur le bien-être matériel, civil ou moral de cette région ne peut ignorer cette partie de notre population et prétendre véritablement au succès. Je ne fais, Monsieur le président, Messieurs les directeurs, qu'exprimer le sentiment général de ma race en vous disant que jamais la valeur et l'humanité des Noirs américains ne se sont vues plus justement et plus généreusement reconnues que par les commissaires de cette magnifique exposition à tous les stades de son élaboration. Cette reconnaissance fera davantage pour cimenter l'amitié entre les deux races que tout événement advenu depuis l'aube de notre liberté.

Ce n'est pas tout ; l'opportunité offerte ici fera naître parmi nous une nouvelle ère de progrès industriel. Au vu de notre ignorance et de notre manque d'expérience, il n'y a rien d'étonnant à ce que, dans les premières années de notre nouvelle vie, nous ayons commencé en haut au lieu d'en bas ; à ce qu'un siège au Congrès ou la législature d'État ait été plus recherché que des biens fonciers ou des savoir-faire industriels ; à ce que la pratique politique de la tournée électorale ait exercé plus d'attrait que l'établissement d'une ferme laitière ou maraîchère. [...]

Le plus grave danger que nous courons, en faisant le grand bond de l'esclavage à la liberté, est de dédaigner le fait que la majorité d'entre nous devra vivre de ce que produiront ses mains, et d'oublier que nous prospérons en fonction de notre capacité à respecter et à honorer les travaux ordinaires, à introduire intelligence et savoir-faire dans les activités courantes ; que nous prospérons en fonction de notre capacité à distinguer le superficiel de l'essentiel, les colifichets de l'utile. Aucune race ne peut prospérer avant d'avoir appris qu'il est tout aussi honorable de labourer un champ que d'écrire un poème. C'est en bas que nous devons commencer nos vies, pas en haut. Nous ne devons pas non plus permettre à nos griefs d'éclipser les opportunités qui s'offrent à nous.

[…] Nous avons prouvé notre loyauté envers vous par le passé en élevant vos enfants, en veillant vos parents malades et, souvent, en les accompagnant, les yeux embués de larmes, jusqu'à leur tombe ; de même, dans le futur, nous nous tiendrons à notre humble façon à vos côtés, plus dévoués qu'aucun étranger ne saurait l'être, disposés s'il le faut à donner nos vies pour vous défendre, liant si étroitement notre vie industrielle, commerciale, civile et religieuse à la vôtre que les intérêts des deux races se confondront. Nous pouvons, sous toutes les facettes de notre existence sociale, être séparés comme les doigts, mais nous unir en une main pour toute chose essentielle à notre progrès mutuel.

[…] Les plus sages d'entre les miens savent qu'agiter les questions d'égalité sociale est la plus extrême des folies, et que le progrès incarné par la jouissance de tous les privilèges doit résulter de nos efforts sérieux et acharnés plutôt que d'être artificiellement imposé par la force. Aucune race offrant sa contribution au marché ne se voit jamais longtemps frappée d'ostracisme. Il est important et juste que nous disposions de tous les privilèges garantis par la loi, mais il est bien plus important que nous soyons préparés à l'exercice de ces privilèges. Avoir la possibilité de gagner un dollar à l'usine aujourd'hui compte infiniment plus que de pouvoir dépenser un dollar à l'opéra.

En conclusion, je répéterai que rien, en trente ans, ne nous a donné plus d'espoir et de courage ni ne nous a autant rapprochés de vous, la race blanche, que cette chance offerte par l'Exposition ; et en m'inclinant devant l'autel qui représente le résultat des efforts acharnés de votre race et de la mienne, parties toutes deux de presque rien il y a trente ans, je promets que dans vos tentatives pour résoudre le problème vaste et complexe dont Dieu a accablé le Sud, vous pourrez compter en tout temps sur l'aide patiente et bienveillante de ma race. Toutefois, gardons toujours à l'esprit que, si des représentations proposées dans ces pavillons du produit des champs, de la forêt, de la mine, de l'usine, des lettres et des arts découlera un grand bien, un avantage considérablement supérieur à tous ces bienfaits matériels résultera, avec l'aide de Dieu, de l'éradication des différends sectaires, de l'animosité et des méfiances raciales, et récompensera une détermination à dispenser une justice inconditionnelle et la volonté de tous de se conformer à la loi. C'est cela, oui, cela qui, associé à notre prospérité matérielle, établira dans notre Sud bien-aimé un nouveau paradis et une nouvelle terre.

Booker T. Washington,
Le discours du compromis d'Atlanta,
Paris, Les Éditeurs libres, 2008

«Quel effet ça fait d'être un problème ?»

W. E. B. Du Bois propose une réflexion de grande envergure sur l'identité noire aux États-Unis dans Les Âmes du peuple noir, *publié en 1903. Il y formule la fameuse notion de « double identité » des Noirs américains, en se fondant sur sa propre expérience. Il s'oppose à la politique d'assimilation de Washington et prône une action plus directe.*

Entre l'autre monde et moi se dresse perpétuellement une question non formulée. Certains ne la formulent pas par délicatesse ; d'autres, parce qu'ils ne parviennent pas à la cerner avec justesse. Tous, cependant, tournent autour d'elle. Ils m'abordent d'une manière un peu hésitante, me regardent avec curiosité ou avec compassion, puis, au lieu de me dire directement : « quel effet ça fait d'être un problème ? », ils me disent : « je connais un homme de couleur très bien dans ma ville » ; ou : « j'ai combattu à Mechanicsville » ; ou : « est-ce que toutes ces vexations des sudistes ne vous font pas bouillir le sang ? » Devant ceux-là, je souris, ou je suis intéressé, ou je réduis l'ébullition à un frémissement, selon ce que requiert l'occasion. À la vraie question : « quel effet ça fait d'être un problème ? », il est rare que je réponde un seul mot.

Et pourtant, être un problème est une expérience étrange – bizarre même pour quelqu'un qui n'a jamais été rien d'autre, sauf peut-être quand il était en bas âge, ou quand il se trouvait en Europe. C'est très tôt, dans les premiers jours d'une enfance à la gaieté exubérante, que j'en ai eu la révélation fulgurante. Pour ainsi dire d'un seul coup. Je me rappelle très bien quand l'ombre m'a balayé. J'étais une petite chose, là-bas, dans les collines de la Nouvelle-Angleterre, là où le sombre Hoosatonic serpente vers la mer, entre Hoosac et Taghkanic. Dans une minuscule école en bois, il est venu à l'idée des garçons et des filles d'acheter de splendides cartes de visite – dix cents le paquet – et de les échanger. Nous nous amusions bien, jusqu'au moment où une grande fille, une nouvelle venue, refusa ma carte péremptoirement – avec un regard par en dessous. Alors il m'est apparu avec une soudaine certitude que j'étais différent des autres ; ou comme eux, peut-être, dans mon cœur, dans ma vie et dans mes désirs, mais coupé de leur monde par un immense voile. Par la suite, je n'eus plus aucune envie de déchirer ce voile ou de me glisser au travers ; j'enveloppais tout ce qui était derrière lui d'un même mépris, et je vivais au-dessus de lui, dans une région de ciel bleu et de grandes ombres vagabondes. Ce ciel était plus bleu encore quand je pouvais battre mes camarades aux examens, ou les battre à la course, ou même battre leurs têtes blond filasse. Hélas, avec les années, tout ce beau mépris a commencé à s'effilocher ; j'aspirais aux mondes et à toutes leurs éblouissantes opportunités – et elles étaient pour eux, non pour moi. Mais ils ne méritent pas de conserver ces récompenses, me disais-je ; quelques-unes, toutes, je les leur arracherai. Je n'étais pas fixé sur la manière exacte dont j'allais m'y prendre : en étudiant le droit, en soignant les malades, en racontant les contes merveilleux qui tourbillonnaient dans ma tête – peu importait la manière. Pour les autres garçons noirs, le combat n'était pas aussi fièrement radieux : leur jeunesse se contractait en une fourberie sans saveur, ou elle se réduisait à une haine silencieuse du monde pâle qui les entourait et à une raillerie méfiante de tout ce qui était blanc; ou bien encore, elle s'épuisait dans ce cri amer : « pourquoi Dieu a-t-il fait de moi un paria et un étranger sous mon propre toit ? » Les ténèbres de la prison nous encerclaient tous : des murs obstinément droits pour le plus blanc, mais implacablement étroits, hauts, et impossibles à escalader pour les fils de la nuit, qui sont condamnés à continuer sombrement leur lourde marche dans la résignation, à frapper en vain leurs paumes contre la pierre, ou enfin, avec une tension presque sans espoir, à contempler fixement le trait de bleu au-dessus de leurs têtes.

Après l'Égyptien et l'Indien, le Grec et le Romain, le Teuton et le Mongol, le Noir est une sorte de septième fils, né avec un voile et doué de double vue dans ce monde américain – un monde qui ne lui concède aucune vraie conscience de soi, mais qui, au contraire, ne le laisse s'appréhender qu'à travers la révélation de l'autre monde. C'est une sensation bizarre, cette conscience dédoublée, ce sentiment de constamment se regarder par les yeux d'un autre, de mesurer son âme à l'aune d'un monde qui vous considère comme un spectacle, avec un amusement teinté de pitié méprisante. Chacun sent constamment sa nature double – un Américain, un Noir; deux âmes, deux pensées, deux luttes irréconciliables; deux idéaux en guerre dans un seul corps noir, que seule sa force inébranlable prévient de la déchirure.

L'histoire du Noir américain est l'histoire de cette lutte – de cette aspiration à être un homme conscient de lui-même, de cette volonté de fondre son moi double en un seul moi meilleur et plus vrai. Dans cette fusion, il ne veut perdre aucun de ses anciens moi. Il ne voudrait pas africaniser l'Amérique, car l'Amérique a trop à enseigner au monde et à l'Afrique. Il ne voudrait pas décolorer son âme noire dans un flot d'américanisme blanc, car il sait qu'il y a dans le sang noir un message pour le monde. Il voudrait simplement qu'il soit possible à un homme d'être à la fois un Noir et un Américain, sans être maudit par ses semblables, sans qu'ils lui crachent dessus, sans que les portes de l'Opportunité se ferment brutalement sur lui.

W. E. B. Du Bois,
Les Âmes du peuple noir,
Paris, La Découverte, 2007

Pourquoi il est si difficile d'attendre

Martin Luther King écrit cette lettre depuis la prison de Birmingham, où il est détenu, le 16 avril 1963. Il justifie les méthodes d'action du mouvement pour les droits civiques et explique aux Blancs modérés du Sud qui lui conseillent d'être patient, pourquoi les Noirs ne peuvent plus attendre.

Depuis des années, j'entends ce mot : « attendez ! » Il résonne à mon oreille, comme à celle de chaque Noir, avec une perçante familiarité. Cet « attendez ! » a presque toujours signifié : « jamais ! » Mais quand vous avez vu des populaces vicieuses lyncher à volonté vos pères et mères, noyer à plaisir vos frères et sœurs ; quand vous avez vu des policiers pleins de haine maudire, frapper, brutaliser et même tuer vos frères et sœurs noirs en toute impunité ; quand vous voyez la grande majorité de vingt millions de Noirs étouffer dans la prison fétide de la pauvreté, au sein d'une société opulente ; quand vous sentez votre langue se nouer et votre voix vous manquer pour tenter d'expliquer à votre petite fille de six ans pourquoi elle ne peut aller au parc d'attractions qui vient de faire l'objet d'une publicité à la télévision ; quand vous voyez les larmes affluer dans ses petits yeux parce qu'un tel parc est fermé aux enfants de couleur ; quand vous voyez les nuages déprimants d'un sentiment d'infériorité se former dans son petit ciel mental ; quand vous la voyez commencer à oblitérer sa petite personnalité en sécrétant inconsciemment une amertume à l'égard des Blancs ; quand vous devez inventer une explication pour votre petit garçon de cinq ans qui vous demande dans son langage pathétique et torturant : « Papa, pourquoi les Blancs sont si méchants avec ceux de couleur ? » ;

quand, au cours de vos voyages, vous devez dormir nuit après nuit sur le siège inconfortable de votre voiture parce qu'aucun motel ne vous acceptera ; quand vous êtes humilié jour après jour par des pancartes narquoises : « Blancs », « Noirs » ; quand votre prénom est « négro » et votre nom « mon garçon » (quel que soit votre âge) ou « John » ; quand votre mère et votre femme ne sont jamais appelées respectueusement « Madame » ; quand vous êtes harcelé le jour et hanté la nuit par le fait que vous êtes un nègre, marchant toujours sur la pointe des pieds sans savoir ce qui va vous arriver l'instant d'après, accablé de peur à l'intérieur et de ressentiment à l'extérieur ; quand vous combattez sans cesse le sentiment dévastateur de n'être personne ; alors vous comprenez pourquoi nous trouvons si difficile d'attendre.

Martin Luther King,
Lettre de la prison de Birmingham, 1963,
in Je fais un rêve, Paris, Bayard, 2007

« Je fais un rêve »

Le 28 août 1963, à l'occasion d'une grande manifestation à Washington, un siècle après la Proclamation d'émancipation de Lincoln à laquelle il rend hommage, Martin Luther King prononce un discours si inspiré, si éloquent qu'il est devenu le plus célèbre, peut-être, de l'histoire américaine.

Je suis heureux de participer avec vous aujourd'hui à ce rassemblement qui restera dans l'histoire comme la plus grande manifestation que notre pays ait connue en faveur de la liberté.

Il y a un siècle de cela, un grand Américain qui nous couvre de son ombre symbolique signait notre Acte d'émancipation. Cette Proclamation historique faisait, comme un grand phare, briller la lumière de l'espérance aux yeux de millions d'esclaves noirs marqués au feu d'une brûlante injustice. Ce fut comme l'aube joyeuse qui mettrait fin à la longue nuit de leur captivité.

Mais cent ans ont passé et le Noir n'est pas encore libre. Cent ans ont passé et l'existence du Noir est toujours tristement entravée par les liens de la ségrégation, les chaînes de la discrimination ; cent ans ont passé et le Noir vit encore sur l'île solitaire de la pauvreté, dans un vaste océan de prospérité matérielle ; cent ans ont passé et le Noir languit toujours dans les marges de la société américaine et se trouve en exil dans son propre pays.

C'est pourquoi nous sommes accourus aujourd'hui en ce lieu pour rendre manifeste cette honteuse situation. En un sens, nous sommes montés à la capitale de notre pays pour toucher un chèque. En traçant les mots magnifiques qui forment notre Constitution et notre Déclaration d'indépendance, les architectes de notre république signaient une promesse dont hériterait chaque Américain. Aux termes de cet engagement, tous les hommes, les Noirs, oui, aussi bien que les Blancs, se verraient garantir leurs droits inaliénables à la vie, à la liberté et à la recherche du bonheur.

[…] Je vous le dis ici et maintenant, mes amis : même si nous devons affronter des difficultés aujourd'hui et demain, je fais pourtant un rêve. C'est un rêve profondément ancré dans le rêve américain. Je rêve que, un jour, notre pays se lèvera et vivra pleinement la véritable réalité de son credo : « Nous tenons ces vérités pour évidentes par elles-mêmes que tous les hommes sont créés égaux. »

Je rêve que, un jour, sur les rouges collines de Géorgie, les fils des anciens esclaves et les fils des anciens propriétaires d'esclaves pourront s'asseoir ensemble à la table de la fraternité.

Je rêve que, un jour, l'État du Mississippi lui-même, tout brûlant des feux de l'injustice, tout brûlant des feux de l'oppression, se transformera en oasis de liberté et de justice.

Je rêve que mes quatre petits enfants vivront un jour dans un pays où on ne les jugera pas à la couleur de leur peau mais à la nature de leur caractère.
Je fais aujourd'hui un rêve !

Je rêve que, un jour, même en Alabama où le racisme est vicieux, où le gouverneur a la bouche pleine des mots « interposition » et « nullification », un jour, justement en Alabama, les petits garçons et les petites filles noirs, les petits garçons et les petites filles blancs, pourront tous se prendre par la main comme frères et sœurs. Je fais aujourd'hui un rêve !

Je rêve que, un jour, tout vallon sera relevé, toute montagne et toute colline seront rabaissées, tout éperon deviendra une plaine, tout mamelon une trouée, et la gloire du Seigneur sera révélée à tous les êtres faits de chair tout à la fois.

Telle est mon espérance. Telle est la foi que je remporterai dans le Sud.

Avec une telle foi nous serons capables de distinguer, dans des montagnes de désespoir, un caillou d'espérance. Avec une telle foi nous serons capables de transformer la cacophonie de notre nation discordante en une merveilleuse symphonie de fraternité.

Avec une telle foi, nous serons capables de travailler ensemble, de prier ensemble, de lutter ensemble, d'aller en prison ensemble, de nous dresser ensemble pour la liberté, en sachant que nous serons libres un jour. Ce sera le jour où tous les enfants du Bon Dieu pourront chanter ensemble cet hymne auquel ils donneront une signification nouvelle – Mon pays c'est toi, douce terre de liberté, c'est toi que je chante, pays où reposent nos pères, orgueil du pèlerin, au flanc de chaque montagne que sonne la cloche de la « liberté » – et si l'Amérique doit être une grande nation, il faut qu'il en soit ainsi.

Aussi faites sonner la cloche de la liberté sur les prodigieux sommets du New Hampshire.

Faites-la sonner sur les puissantes montagnes de l'État de New York.

Faites-la sonner sur les hauteurs des Alleghanys en Pennsylvanie.

Faites-la sonner sur les neiges des Rocheuses, au Colorado.

Faites-la sonner sur les collines ondulantes de la Californie.

Mais cela ne suffit pas.

Faites-la sonner sur la Stone Mountain de Géorgie.

Faites-la sonner sur la Lookout Mountain du Tennessee.

Faites-la sonner sur chaque colline et chaque butte du Mississippi, faites-la sonner au flanc de chaque montagne.

Quand nous ferons en sorte que la cloche de la liberté puisse sonner, quand nous la laisserons carillonner dans chaque village et chaque hameau, dans chaque État et dans chaque cité, nous pourrons hâter la venue du jour où tous les enfants du Bon Dieu, les Noirs et les Blancs, les juifs et les gentils, les catholiques et les protestants, pourront se tenir par la main et chanter les paroles du vieux *spiritual* noir : « Libres enfin. Libres enfin. Merci Dieu Tout-Puissant, nous voilà libres enfin. »

Martin Luther King,
Discours de Washington d'août 1963,
ibidem

Ne pas tendre l'autre joue

À l'exception de son autobiographie, écrite en collaboration avec l'écrivain Alex Haley, Malcom X n'a pas laissé d'écrits. Dans cet entretien avec le psychologue afro-américain Kenneth B. Clark, il critique violemment les méthodes de King, et prône l'organisation autonome des Noirs et l'utilisation de la violence, le cas échéant.

On ne peut pas prendre un Noir qui se fait mordre par des chiens et l'accuser de prêcher la violence quand il essaie de se défendre contre les morsures du chien. Remarquez, les gens qui lâchent les chiens contre les Noirs, on ne les accuse jamais de violence, on ne les accuse jamais de haine. Dans une discussion à leur sujet, on ne trouve jamais ces termes. Quand le Noir commence à exploser, à sortir de ses gonds, après avoir trop encaissé, alors seulement on dit que le Noir est violent, et tant que les Blancs en question exposent une doctrine qui aide à justifier leurs mauvais traitements envers les Noirs, on n'appelle jamais cela de la haine. C'est seulement quand le Noir lui-même commence à énumérer tout ce que les Blancs lui ont fait au cours de l'histoire, que l'homme blanc astucieux, maître des moyens d'information et de propagande fait croire que les Noirs aujourd'hui prêchent une espèce de haine. Monsieur Muhammad nous apprend à nous aimer les uns les autres ; et quand je dis les uns les autres, je veux dire à aimer notre race. C'est la seule chose que les Noirs ont besoin d'apprendre dans notre pays, parce que les seuls que nous n'aimons pas, ce sont les gens de notre race. La plupart des Noirs que l'on voit s'agiter et parler d'« aimer tout le monde », ils n'ont pas le moindre amour pour leur race. Quand ils disent : « Aimez tout le monde », ils ne font en réalité que nous pousser à aimer les Blancs. Voilà leur philosophie. Ou quand ils disent : « Souffrez en silence », ils veulent dire « Souffrez en silence les coups du Blanc », parce que ces mêmes Noirs non violents sont les apôtres de la non-violence. Si un Noir les attaque, ils se battront avec lui d'un bout à l'autre de Harlem. C'est seulement quand le Blanc les attaque qu'ils croient à la non-violence, tous autant qu'ils sont.

C – Monsieur X, est-ce une critique du révérend Martin Luther King ?

M. – Pas besoin de critiquer le révérend Martin Luther King.
Ses actes sont une critique suffisante.

C. – Que voulez-vous dire par là ?

M. – Tout Noir qui apprend aux autres Noirs à tendre l'autre joue les désarme. Tout Noir qui apprend aux Noirs à tendre l'autre joue quand on les attaque désarme ces Noirs de leur droit divin, de leur droit moral, de leur droit naturel, de leur droit intelligent, à se défendre. Tous les êtres dans la nature peuvent se défendre, et ont raison de le faire, sauf le Noir américain. Et les gens comme King, leur travail c'est d'aller dire aux Noirs : « Ne ripostez pas. » Il ne leur dit pas : « Ne vous battez pas entre vous. » L'essentiel de ce qu'il leur dit, c'est : « Ne vous battez pas avec le Blanc », parce que les partisans de Martin Luther King se tailleraient bien en pièces les uns les autres, mais ils ne feront rien pour se défendre contre les attaques du Blanc. Mais la philosophie de King ne touche qu'une petite minorité. La grande masse de la population noire de notre pays penche plus vers l'honorable Elijah Muhammad que vers Martin Luther King.

C. – N'est-il pas vrai cependant…

M. – Ce sont les Blancs qui suivent King. Ce sont les Blancs qui paient King. Ce sont des Blancs qui subventionnent

King. Ce sont des Blancs qui appuient King. Mais la masse des Noirs ne soutient pas Martin Luther King. King est la meilleure arme que les Blancs, qui veulent brutaliser les Noirs, aient jamais eue dans notre pays, parce qu'à cause de lui, quand le Blanc veut attaquer les Noirs, ils ne peuvent se défendre, parce que King a prêché cette stupide philosophie : vous n'êtes pas censés vous battre, ou vous n'êtes pas censés vous défendre.

C. – Mais, Monsieur X, n'est-il pas vrai que le mouvement du révérend King a réussi à Montgomery…

M. – Vous n'allez pas me dire que vous avez réussi… excusez-moi, Monsieur.

C. – Ce n'était pas un succès à Birmingham ?

M. – Non, non. Quelle espèce de succés ils ont eue à Birmingham ? La possibilité de s'asseoir dans un snack-bar et de boire un café en mangeant un biscuit, c'est ça le succès ? La possibilité de… des milliers de petits enfants ont été en prison ; ils ne sont pas sortis tout seuls, il a fallu que King verse leur caution. Il a fallu qu'ils *payent* pour sortir de prison. Ça n'a rien d'un progrès, ni d'un succès.

C – Que serait au juste un progrès du point de vue des Musulmans ?

M. – Chaque fois que des chiens ont mordu des femmes noires, mordu des enfants noirs – et quand je dis des chiens, ça signifie que des chiens à quatre pattes et des chiens à deux pattes ont brutalisé des milliers de Noirs – si celui qui se présente comme leur leader se contente de faire un compromis ou un marchandage avec ceux-là même qui ont ainsi maltraité les siens, pourvu qu'ils veuillent bien lui offrir du travail en ville pour un seul Noir, ou des choses du même ordre, alors je ne vois rien qui ressemble à un succès, Monsieur, c'est une trahison. Les Noirs à Birmingham sont maintenant dans une situation pire qu'avant, parce que la ligne de séparation est plus rigide. Et venir me dire qu'un modéré… me dire que ça va mieux maintenant parce qu'un autre homme, un autre Blanc, un autre Blanc du Sud est en fonctions maintenant, c'est comme si l'on me disait qu'il vaut mieux avoir affaire à un renard qu'à un loup. Les gens à qui nous avions affaire précédemment étaient des loups, et ils ne s'en cachaient pas. L'homme à qui ils ont affaire maintenant est un renard, mais il ne vaut pas mieux que le loup. Il est meilleur uniquement dans sa capacité d'endormir les Noirs, et il le fera tant qu'ils écouteront Martin Luther King.

Malcolm X, in *Nous, les nègres, entretiens avec Kenneth B. Clark*, Paris, La Découverte, 2007

Ne pas ignorer la question raciale mais la dépasser

Lors de la campagne présidentielle de 2008, Barack Obama répondit à ceux qui critiquaient ses liens avec le révérend Wright – qui avait tenu des propos jugés anti-américains – par un discours de fond sur la question raciale. Prononcé à Philadelphie le 18 mars, et empruntant son titre au Préambule de la Constitution, ce discours profond et subtil a fait date.

Je crois cependant que notre nation, aujourd'hui, ne peut pas se permettre d'ignorer la question raciale. Nous commettrions la même erreur que le révérend Wright dans ses offensants sermons sur l'Amérique, en simplifiant les choses, en recourant à des stéréotypes et en grossissant le trait jusqu'à déformer la réalité.

Il est certain que les commentaires qui ont été faits et les thèmes qui ont surgi ces dernières semaines reflètent les aspects complexes du problème racial dans le pays, que nous n'avons jamais vraiment résolu – une partie de notre union qu'il nous reste encore à parfaire. Et si nous lâchons prise maintenant, si chacun se réfugie dans son coin, nous n'arriverons jamais à nous unir pour surmonter les défis de l'assurance santé, de l'éducation et de la nécessaire création d'emplois solides pour chaque Américain.

Pour comprendre cette réalité, il est nécessaire de se rappeler comment nous en sommes arrivés là. Comme l'a écrit Faulkner : « Le passé n'est pas mort et enterré. En fait, il n'est même pas passé. » Nous n'avons nul besoin de raconter l'histoire de l'injustice raciale dans ce pays. Nous devons simplement nous rappeler que, si tant de disparités existent dans la communauté afro-américaine d'aujourd'hui, c'est qu'elles proviennent en droite ligne d'inégalités transmises par une génération antérieure, qui a elle-même souffert de l'héritage brutal de l'esclavage et de Jim Crow.

La ségrégation scolaire a produit et produit encore des écoles inférieures. Cinquante ans après l'arrêt « Brown v. Board of Education », rien n'a changé, et l'éducation de qualité inférieure que dispensent ces écoles permet d'expliquer les flagrants écarts de réussite entre les étudiants blancs et noirs d'aujourd'hui.

La discrimination légale – par laquelle on empêchait les Noirs, et souvent au moyen de méthodes violentes, d'accéder à la propriété, par laquelle on refusait des crédits aux entrepreneurs afro-américains, par laquelle on interdisait aux propriétaires noirs le droit d'emprunter auprès de la FHA, par laquelle on excluait des Noirs des syndicats, de la police ou de casernes de pompiers – a eu pour conséquence l'incapacité pour les familles noires de pouvoir accumuler un patrimoine décent à transmettre aux générations suivantes. Cette histoire permet d'expliquer l'écart de richesse et de revenu entre Noirs et Blancs, ainsi que la concentration des poches de pauvreté qui persistent au sein de tant de communautés urbaines et rurales.

Le manque de débouchés, la honte et la frustration de ne pouvoir subvenir aux besoins de leur famille, ont contribué à défaire le lien familial chez les Noirs – un problème que la politique d'aide sociale, pendant des années, a peut-être aggravé. Le manque de services publics de base dans un si grand nombre de quartiers noirs – des aires de jeux pour les enfants, des patrouilles de police, le ramassage régulier des ordures et l'application des codes d'urbanisme –, tout cela a contribué à créer un cycle de violence, un gâchis et des négligences qui continuent à nous hanter.

C'est la réalité dans laquelle le révérend Wright et d'autres Afro-Américains de sa génération ont grandi. Ils sont devenus adultes à la fin des années 1950 et au début des années 1960, époque où la ségrégation était encore en vigueur et les perspectives d'avenir systématiquement réduites. Ce qui est remarquable, ce n'est pas tant le nombre de ceux qui ont échoué à cause de la discrimination, mais plutôt le nombre d'hommes et de femmes qui ont réussi à défier le sort et, partant de rien, à ouvrir la voie à ceux, qui, comme moi, ont pris leur suite.

Mais pour tous ceux qui se sont dépensés sans compter afin d'obtenir leur part du Rêve américain, bien d'autres n'y sont pas parvenus : ceux qui ont été finalement vaincus, d'une façon ou d'une autre, par la discrimination. Cette expérience de l'échec a été léguée aux générations suivantes : ces jeunes hommes et, de plus en plus souvent, ces jeunes femmes que l'on voit au coin des rues ou qui croupissent au fond de nos prisons, sans espoir ni perspective d'avenir. Même pour les Noirs qui s'en sont sortis, les questions de race et de racisme continuent de définir fondamentalement leur vision du monde. Pour les hommes et les femmes de la génération du révérend Wright, la mémoire de l'humiliation, du doute et de la peur n'a pas disparu, pas plus que la colère et l'amertume de ces années-là. Cette colère ne s'exprime peut-être pas en public, devant des collègues ou des amis blancs, mais on l'entend chez le coiffeur ou autour de la table familiale. Parfois, cette colère est exploitée par les hommes politiques pour gagner des voix en jouant la carte raciale ou, chez certains, pour masquer leurs échecs.

Et il lui arrive de trouver une voix, le dimanche matin, à l'église, du haut de la chaire ou sur les bancs des fidèles. Que tant de gens aient été surpris d'entendre cette colère dans certains sermons du révérend Wright nous rappelle cette évidence : le moment où la ségrégation reste la plus vivace dans la vie d'un Américain, c'est le dimanche matin, à l'église. Cette colère n'est pas toujours efficace. De fait, bien trop souvent, elle nous détourne des vrais problèmes, nous empêche d'affronter honnêtement notre part de responsabilité dans ce qui nous est arrivé et prive la communauté afro-américaine des alliances indispensables à un vrai changement. Mais la colère est réelle ; elle est puissante ; et souhaiter qu'elle disparaisse purement et simplement, la condamner sans en comprendre les racines ne sert qu'à creuser le fossé d'incompréhension entre les races.

[…] Pour ce qui est de la communauté blanche, la voie vers une Union plus parfaite suppose de reconnaître que ce qui fait souffrir la communauté afro-américaine n'est pas le produit de l'imagination des Noirs, que l'héritage de la discrimination et les éléments actuels de discrimination – même si elle est moins criante que par le passé – existent et doivent être combattus. Non seulement par des mots, mais par des actes : en investissant dans nos écoles et dans nos communautés, en faisant respecter les droits civiques et en garantissant une justice pénale plus équitable, en donnant à cette génération les moyens et les chances de s'en sortir, ce qui faisait défaut aux générations précédentes.

[…] Nous pouvons voir dans la question raciale un simple spectacle – comme ce fut le cas pendant le procès de O. J. Simpson, ou à chaque fois qu'une tragédie survient, comme ce fut le cas après Katrina. […]

Oui, nous pouvons le faire.

Mais dans ce cas, je vous garantis qu'aux prochaines élections, nous trouverons un autre sujet de diversion. Puis un autre. Puis encore un autre. Et rien ne changera.

C'est une possibilité. À moins que dès à présent, pour cette élection, nous disions ensemble : « Cette fois, c'est non. » Cette fois, nous voulons parler des écoles délabrées qui volent l'avenir de nos enfants, les enfants noirs, les enfants blancs, les enfants asiatiques, les enfants hispaniques et les enfants amérindiens. Cette fois, nous voulons dire non au cynisme ambiant selon lequel ces enfants seraient incapables de rien apprendre, selon lequel, après tout, ces enfants qui ne nous ressemblent pas sont le problème des autres. Les enfants d'Amérique ne sont pas ces enfants-là, ce sont les nôtres, et nous ne les abandonnerons pas face aux défis de l'économie du XXIe siècle. Pas cette fois.

Barack Obama, « Discours de Philadelphie », 18 novembre 2008, *in De la race en Amérique*, Paris, Grasset, 2008

« J'ai pensé à vous écrire... »

Initialement tiré à quelques centaines d'exemplaires pour la petite communauté noire de Chicago, le Chicago Defender *était diffusé à 250 000 exemplaires dans tout le pays à partir des années 1910 – y compris dans le Sud, grâce aux porteurs des trains Pullman. Au moment de la Grande Migration, il incita les Noirs à partir, accusant le Sud de vouloir les maintenir en « esclavage ». Le journal recevait beaucoup de lettres de candidats au départ. Écrites dans une orthographe et une langue incertaines, elles constituent un témoignage vibrant de l'énergie et de l'espoir qui les animaient.*

Cher Monsieur

Je lis le *Chicago Defender* et à force de voir des annonces pour du travail au nord j'ai pensé à vous écrire au sujet de ma situation. Je travaille dur dans le sud et j'arrive à peine à gagner ma vie. J'ai une femme et un enfant et j'arrive à peine à les nourrir. J'ai donc pensé à vous écrire pour vous demander des informations sur le moyen d'obtenir un laissez-passer pour moi-même et ma famille. Je ne veux pas partir sans ma famille car j'ai déjà bien du mal à les faire vivre ici et je sais qu'ils seraient bien mal lotis si je partais sans eux. S'il y a des agents de recrutement dans le sud en tout cas il n'y en a pas eu à Lutcher et s'ils venaient ici ils trouveraient au moins cinquante hommes. Je vous en prie monsieur donnez-moi une réponse le plus vite possible. C'est tout. S'il vous plaît ne publiez pas ma lettre. J'étais en ville aujourd'hui et j'ai discuté avec des gars qui disent que s'ils avaient des laissez-passer ils seraient au moins 30 ou 40 à venir. Mais ils n'ont pas l'argent pour ça et ils ne savent pas comment faire. Mais ce sont de bons travailleurs, solides et compétents. Si vous voulez bien m'informer, j'informerai les autres sur les moyens de venir dans le nord car ils veulent tous travailler. S'il vous plaît ne publiez pas ça parce qu'on est obligés d'en parler à voix basse entre nous parce que les blancs sont fâchés que les noirs partent dans le nord.

Lutcher (Texas), 13 mai 1917

Cher Monsieur

J'ai pensé que vous pourriez m'aider en quelque manière soit personnellement soit par votre influence, c'est pour ça que je vous dérange ce dont je vous demande pardon.

Je suis un homme marié avec femme et mère à ma charge (je mentionne ceci pour vous donner une idée juste de ma triste situation), les conditions ici ne sont vraiment pas très bonnes et le coût de la vie augmente alors que les salaires sont réduits. Mon plus grand désir est de partir pour un endroit plus favorable mais suis incapable de réunir l'argent.

Je sais écrire des nouvelles qui toutes mettent en scène des personnages noirs mais sans parodie ni vulgarité, également écrire des poèmes, j'ai un don pour la caricature mais n'ai jamais appris la technique du dessin humoristique. ces choses ne me rapporteront jamais rien ici à Natchez. Aimerais savoir si vous seriez intéressé par une ou deux de mes nouvelles à publier en feuilleton dans votre excellent journal elles sont très intéressantes et constitueraient une bonne lecture. Par ce moyen je pourrais sans doute partir d'ici rapidement et ainsi me procurer un meilleur emploi qui me permettrait de reprendre ma pratique du dessin qui est ce que je préfère.

Merci d'avance de me répondre et si vous ne pouvez me donner une réponse favorable pourriez-vous me recommander toute publication noire achetant des textes de fiction écrits par des frères de race.

Natchez (Mississippi), 22 sept. -17

Cher Monsieur

Permétez-moi de vous informer que j'ai eu le plaisir de lire le *Defender* pour la première fois de ma vie alors que je n'aurais jamais rêvé qu'on puisse publier un tel journal pour notre race et je dois dire que cest un sacré journal.

Toutefois je puis dire sans l'ombre d'une hésitation qu'il est extraordinairement intéressant et si j'avais su qu'il existait un tel journal dans ma ville ou distribué dans le voisinage je serais abonné depuis des années.

Néanmoins j'ai lu la moindre ligne du journal daté du 28 avril qui est le premier et seul numéro que j'ai eu entre les mains pour le moment. Nonobstant j'attends avec la plus extrême impatience le plaisir de recevoir mon prochain *Defender* car je me considère à présent comme un admirateur inconditionnel du *Defender* et j'ai également prié le représentant dudit journal de me livrer mon *Defender* chaque semaine. En lisant les offres d'emploi du *Defender* je m'aperçois qu'il y a beaucoup de travail proposé et si je ne me suis abusé je crois également comprendre qu'on avance le transport aux travailleurs sains de corps qui son sans travail et désirent du travail. Je ne me trompe pas ? étant entendu que ceux à qui on a avancé le prix du transport auront la dite somme déduite de leur salaire quand ils auront commencé à travailler. Or si ce son bien les termes je connais 10 ou 15 bons travailleurs qui son sans travail et qui meurent d'envie de quitter le sud et je vous assure que ce sont de vrais travailleurs qui ne seront que trop heureux de venir au nord à l'est ou à l'ouest, bref partout sauf au sud.

Or si ce son bien les termes veuillez me le confirmer par retour du courrier. Toutefois je vous assure que je me ferai un plaisir de vous fournir toute information complémentaire que vous souhaiteriez demander ou toute information nécessaire concernant cette missive.

En vous remerciant d'avance de me faire l'obligeance d'une réponse rapide et avec l'assurance de mon vif intérêt.

Port Arthur (Texas), 5/5/17

Chers Messieurs

Je veux entrer en conttact avec vous au sujet d'un bon endroit où vivre & d'un travail je suis pour l'élévation de notre race à tous égards. Je veux un travail dans une petite ville quelque part au nord où je pourrai recevoir un trrès bon salaire et où je pourrai éduquer mes 3 petites filles et exiger le respect de l'intelegence. Je préfère un travail d'ébéniste ou n'importe quoi dans la fab. de meubles si possible.

Répondez-moi tout de suite s'il vous plaît. Indiquez salaire minimum et type de travail.

Sincèrement vôtre.

Memphis (Tennessee), 23 avril 1917

in The Journal of Negro History vol. 4, n°3, 1919. Traduction Serge Chauvin

« Nous avons tracé le chemin... »

En 1961, au péril de leur vie, des Noirs et des Blancs parcoururent ensemble à bord d'autobus les États du Sud pour protester contre la ségrégation. Ces « voyages de la liberté » constituèrent un moment important du mouvement pour les droits civiques. Au lendemain de l'élection de Barack Obama, le journaliste du Monde *Nicolas Bourcier est retourné dans le Mississippi à la recherche de ces « voyageurs de la liberté » (*freedom riders*) pour recueillir leur parole. Ces témoignages permettent de mettre en perspective les combats d'hier et les luttes qui restent à mener dans l'Amérique d'Obama.*

Frank Holloway est né le 8 février 1938 à Atlanta (Géorgie). En 1961, il est étudiant et membre du Comité d'appel aux droits de l'Homme. Il participe à des manifestations et des sit-in et sera arrêté plusieurs fois..

La non-violence n'était pas un mode de vie, c'était une tactique. Une tactique qui a fonctionné : il y a eu beaucoup de publicité. Nous luttions contre un système auquel nous étions accoutumés depuis tellement d'années. On avait peur. On a été battus, menacés, arrêtés. Mais à cela aussi nous nous sommes habitués. Pour moi, cela a commencé dans la gare routière d'Atlanta (Géorgie). Nous étions deux. Nous nous sommes assis au premier rang, sur une banquette réservée aux Blancs. Le shérif est venu. Tout le monde est descendu du car sauf nous. Nous étions surpris. D'un coup, nous sentions que nous avions du pouvoir : bloquer un car et donc, faire perdre de l'argent aux Blancs. Après un moment, les passagers sont remontés. Avant le départ, un Noir est venu s'asseoir à côté de nous. Il a dit : « Je ne sais pas pourquoi je fais cela, mais je vais avec vous. »

Dans la prison de Parchman, nous avons tous été interrogés. Avant mon passage, une femme avait été emmenée dans la pièce où l'on devait répondre aux questions des inspecteurs. J'ai entendu très distinctement des coups, des coups violents. C'était impressionnant. J'ai moi-même été battu.

Les *freedom rides* ont été un premier grand pas dans l'histoire des droits civiques. On a tous senti que c'était possible. Dans chaque ville, les gens voyaient des Blancs et des Noirs assis les uns à côté des autres. C'est comme cela que les barrières ont sauté et que la peur a progressivement disparu. Je suis entièrement content de l'élection de Barack Obama, même si le combat doit continuer. La souffrance des Noirs est toujours là. Prenez l'économie, les prisons : nous les Noirs, nous sommes plus touchés. Il y a toujours des barrières raciales dans la société américaine, mais aujourd'hui il y a de l'espoir.

Dave Dennis est né le 17 octobre 1940 sur une plantation près d'Omega (Louisiane). En 1961, il est étudiant à l'université Dillard à La Nouvelle-Orléans et milite dans le mouvement des droits civiques. Il fait une semaine de prison à Parchman après avoir participé à un freedom ride. *Il est devenu depuis un des dirigeants locaux du Congress of Racial Equality (CORE).*

Nous nous étions préparés mentalement au pire. Nous ne pensions pas pouvoir arriver jusqu'à Jackson (Mississippi). On parlait de notre propre mort. Nous n'étions pas prêts à donner nos vies, mais nous n'étions pas effrayés à l'idée de mourir. Toute la nuit, à Atlanta (Géorgie), les Blancs ont brûlé des voitures, tiré au fusil dans les rues. C'était des moments terribles. Dans le bus le lendemain, nous chantions *We shall overcome* (*«Nous triompherons»*).

Le soir de l'élection de Barack Obama, j'étais dans un club de jazz. D'abord, je n'y ai pas cru. je ne pensais pas que le pays était prêt pour cela. J'ai pensé à tous ceux qui se sont sacrifiés pour la cause. À tous les autres. À tous ceux aussi qui ont permis de franchir les étapes de cette longue route contre la ségrégation. Je suis monté ensuite dans ma voiture. J'ai pleuré. De retour dans le bar les gens criaient *« Yes we did »*. J'ai alors pris peur. Je me suis soudainement rappelé la joie qui a suivi le Voting Act de 1965. On pensait alors être enfin intégrés. On a vite déchanté. Prenez le Mississippi, l'État où il y a le plus de Noirs élus aux instances locales. Sont-ce eux qui ont le pouvoir ? Eux qui possèdent les richesses ? Il nous reste beaucoup à faire. Je suis heureux, mais ma joie est tempérée. La victoire de Barack Obama n'est que la représentation symbolique de ce qui peut arriver. Il faut attendre. Mais je lui fais confiance.

Catherine Burks-Brooks est née le 8 octobre 1939 à Birmingham. En 1961, elle est étudiante à Nashville. Membre du SCLC, elle fait 39 jours de prison à Parchman à la suite d'un freedom ride.

Ici, dans le Sud, question racisme, on sait à quoi s'en tenir. J'ai commencé à protester vers 9-10 ans. Je refusais de m'écarter du trottoir pour laisser passer un Blanc lorsque nous allions en centre-ville… Lycéenne, j'ai jeté par la fenêtre d'un bus, avec un ami, la pancarte *« colored »*. À Nashville, avec James Lawson, du SCLC, nous organisions de nombreux pique-niques avec un certain succès. Un jour, ce que nous appelions le comité central du mouvement a décidé d'envoyer un groupe à Jackson. J'en ai fait partie. Nous étions onze. Un nombre qui correspond à l'argent récolté pour acheter les billets. Je crois que j'étais prête à mourir. J'étais fière de la présence des Blancs. Nous faisions tous partie d'un mouvement grandissant dans le pays, qui semblait capable de faire vaciller les fondements du racisme. Cette énergie et cet état d'esprit ont été mis à mal avec les assassinats de Martin Luther King, Malcolm X, Medgar Evers, JFK, RFK, etc.

Aujourd'hui, avec l'élection de Barack Obama, c'est peut-être la première fois que je ressens à nouveau cette énergie. Avec lui, les gens sont prêts à reparler de ces sujets. Nous venions pratiquement de nulle part et nous avons tracé le chemin. À nous de continuer la lutte.

Nicolas Bourcier,
in Le Monde 2, n° 257,
samedi 17 janvier 2009

Expériences et identités noires

Langston Hughes, Richard Wright, James Baldwin et Toni Morrison figurent parmi les grands noms de la littérature américaine du XXe siècle. Chacun à sa manière a écrit sur l'expérience noire aux États-Unis et exploré, souvent douloureusement, les facettes de l'identité afro-américaine.

« Demain je resterai à table »

L'écrivain Langston Hughes (1902-1967) est l'un des principaux acteurs de la Harlem Renaissance. Poète, écrivain, musicien, sa vie est un vrai roman. Il est bus boy *à Washington après avoir essayé tous les petits métiers possibles en Europe, quand il connaît la gloire avec* The Weary Blues, *un recueil de poèmes qu'il publie en 1926 dans la revue* The Crisis. *Il influencera Senghor et Césaire, les poètes de la négritude.*

MOI AUSSI JE CHANTE L'AMÉRIQUE

Je suis le frère obscur.
On m'envoie manger à la cuisine
Quand il vient du monde,
Mais je ris,
Je mange bien,
Et je prends des forces.

Demain,
Je resterai à table
Quand il viendra du monde.
Personne n'osera
Me dire
Alors :
« Va manger à la cuisine. »
Et puis
On verra bien comme je suis beau
Et on aura honte.

Moi aussi je suis l'Amérique.

JE SUIS UN NÈGRE

Je suis un Nègre :
Noir comme la nuit est noire.
Noir comme les profondeurs de
[mon Afrique.

Je fus esclave :
César m'a dit de tenir ses escaliers propres.
J'ai ciré les bottes de Washington.

Je fus ouvrier :
Les pyramides se sont dressées sous
[mes mains.
J'ai fait le mortier du Woolworth Building.

Je fus chanteur :
Tout le long du chemin depuis l'Afrique
[jusqu'en Géorgie
J'ai porté mes chants mélancoliques.
J'ai inventé le ragtime.

Je fus victime :
Au Congo les Belges m'ont coupé
[les mains.
Maintenant au Texas on me lynche.

Je suis un Nègre :
Noir comme la nuit est noire.
Noir comme les profondeurs de
[mon Afrique.

Langston Hughes, *The Weary Blues*, coll. Poètes d'aujourd'hui, Paris, Seghers, 1964. Trad. François Dodat

Langston Hughes.

Une file « noire » et une file « blanche »

En 1945, Richard Wright (1908-1960) publie Black Boy, *un récit autobiographique centré sur sa jeunesse dans le Sud profond. Il y dénonce les conditions de vie des Noirs, entre misère et ségrégation, et relate un voyage en train avec sa mère au cours duquel il découvre sa couleur et les règles de laségrégation auxquelles il doit se conformer.*

Nous nous trouvâmes enfin à la gare avec nos bagages, attendant le train qui devait nous emmener en Arkansas, et pour la première fois je remarquai qu'il y avait deux files d'attente au guichet des billets, une file « blanche » et une file « noire ». Au cours de ma visite chez grand-père, le sentiment des deux races était né et s'était concrétisé en moi avec une acuité qui ne devait mourir qu'avec moi. En montant dans le train, je remarquai que nous autres Nègres, nous occupions une partie du train, et les Blancs une autre. Naïvement, je voulus aller voir comment c'était chez les Blancs, dans l'autre section du train.

« Je peux aller regarder les Blancs, juste un petit coup ? demandai-je à ma mère.

– Tiens-toi tranquille, fit-elle.

– Mais ça ne serait pas faire mal, dis, man ?

– Veux-tu te tenir tranquille.

– Mais pourquoi je ne peux pas y aller ?

– Cesse de dire des bêtises! »

J'avais commencé à remarquer que ma mère se montrait agacée quand je lui posais des questions sur les Blancs et les Noirs, et je ne saisissais pas très bien. Je voulais savoir le pourquoi de ces deux catégories de gens qui vivaient côte à côte et qui n'avaient de contact, semblait-il, que dans la violence. Par exemple, il y avait ma grand-mère… Était-elle blanche ? À quel point était-elle blanche ? Que pensaient les Blancs de sa blancheur ?

« Maman, est-ce que grand-mère est blanche ? demandai-je tandis que le train roulait dans la nuit.

– Si tu as des yeux, c'est pour t'en servir. Tu es capable de voir de quelle couleur elle est, répondit ma mère.

– Je veux dire, est-ce que les Blancs la prennent pour une Blanche ?

– Pourquoi ne le demandes-tu, pas aux Blancs ? rétorqua-t-elle.

– Mais toi, tu le sais, insistai-je.

– Comment le saurais-je ? je ne suis pas blanche.

– Grand-mère a l'air blanche, dis-je, espérant arriver à établir au moins un fait patent. Alors, pourquoi elle vit avec nous aut', gens de couleur ?

– Tu n'as pas envie que grand-mère vive avec nous ? dit-elle, éludant ma question.

– Si.

– Alors pourquoi poses-tu cette question ?

– Pour savoir.

– Grand-mère n'habite-t-elle pas avec nous ?

– Si.

– Ça ne te suffit pas ?

– Mais est-ce qu'elle veut habiter avec nous ?

– Pourquoi ne l'as-tu pas demandé à grand-mère ? fit ma mère d'un ton moqueur, éludant encore ma question.

– Est-ce que grand-mère est devenue une femme de couleur quand elle s'est mariée avec grand-père ?

– Vas-tu finir de me demander des choses idiotes ?

– Réponds-moi.

– Grand-mère n'est pas devenue une femme de couleur, dit ma mère d'un ton irrité. Elle est née avec la couleur qu'elle a maintenant. »

Richard Wright, *Black Boy*, Paris, Gallimard, Folio, 1983. Trad. M. Duhamel

L'amertume en héritage

James Baldwin (1924-1987) publie, en 1955, Notes of a Native Son *(*Chronique d'un pays natal*), récit autobiographique qui rassemble des textes déjà publiés dans des revues, portant sur divers aspects de la vie de l'écrivain, aux États-Unis et en France. La mort de son père, à Harlem, en 1943, est l'occasion pour lui de se confronter à l'héritage de son amertume d'homme noir.*

Le 29 juillet 1943 mon père mourait. Le même jour, quelques heures plus tard, son dernier enfant venait au monde. Un peu plus d'un mois auparavant, alors que nous avions bandé toute notre énergie dans l'attente de ces événements, l'une des émeutes raciales les plus sanglantes du siècle avait eu lieu à Detroit.
La cérémonie célébrée dans la chapelle ardente où reposait le corps de mon père s'achevait à peine qu'une nouvelle émeute éclatait à Harlem. Dans la matinée du 3 août, pour l'accompagner au cimetière, nous dûmes traverser un véritable désert jonché de débris de verre.

[…] Je ne l'avais pas très bien connu.

Nous nous étions mal entendus, en partie parce que nous avions tous les deux, chacun à notre façon, la même orgueilleuse obstination. […]

Personne, lui compris, ne semble avoir connu son âge exact, mais sa mère avait dû naître au temps de l'esclavage. Il appartenait à la première génération d'hommes libres. En compagnie de milliers d'autres Noirs il avait gagné le Nord après 1919 et moi j'appartenais à cette génération qui n'avait jamais vu les paysages de ce que nos anciens appellent parfois le « Vieux Pays ».

[…] C'était un très bel homme, si j'en juge d'après les photographies et quelques souvenirs qui le montrent, à l'époque où j'étais encore enfant, partant faire un de ses sermons revêtu de ses habits du dimanche. Beau, orgueilleux et « plus renfermé qu'un ongle incarné » disait quelqu'un. Mais plus je grandissais plus il ressemblait à ces gravures qui représentaient des chefs de tribus africaines ; on l'imaginait aisément debout parmi ses guerriers, nu, le visage peint et couvert d'amulettes. Il pouvait être glaçant en chaire et d'une cruauté indescriptible dans sa vie privée ; c'est certainement l'homme le plus aigri qu'il m'ait été donné de rencontrer. Il faut ajouter pourtant qu'il y avait en lui, tout au fond de lui, une autre chose qui lui donnait une puissance extraordinaire et même un charme assez irrésistible. C'était, je crois, quelque chose qui tenait à sa couleur (il était très noir), à sa beauté aussi et surtout au fait qu'il savait qu'il était noir, mais ignorait qu'il était beau. Il prétendait être fier de la couleur de sa peau qui pourtant lui avait causé bien des humiliations et avait imposé à sa vie de tristes limites. Nous étions déjà grands alors que lui n'était plus très jeune et avait subi de nombreux désastres.

[…] D'après le peu que j'ai pu apprendre sur ses débuts dans la vie, il semble qu'il ait été profondément marqué par la difficulté qu'il avait à entrer en contact avec les autres ; c'est sans doute une des raisons qui l'avait poussé à quitter La Nouvelle-Orléans. Il y avait donc en lui une espèce de velléité tâtonnante qui ne s'exprima jamais et que l'on porta en terre avec lui. On l'apercevait très nettement lorsqu'il se trouvait devant des inconnus et s'efforçait de les impressionner favorablement. Mais il n'y réussissait jamais, pas pour longtemps en tout cas. Nous abandonnions une secte pour en choisir une autre plus misérable et plus invraisemblable encore ; on faisait de moins en moins appel à lui comme prédicateur et, lorsqu'il mourut, il y avait bien longtemps qu'aucun de ses amis n'était venu le voir. Il avait vécu et il était mort l'âme remplie d'une intolérable amertume et je sentais une crainte m'envahir en l'accompagnant au cimetière par ces rues inquiètes, jonchées de décombres – une crainte inspirée par la puissance et le débordement de cette amertume et par la certitude que, désormais, elle serait aussi la mienne.

James Baldwin, « Réflexions en noir et blanc », in *Chronique d'un pays natal*, Paris, Gallimard, 1973. Trad. J. A. Tournaire

On ne peut vivre impunément en se haïssant

Toni Morrison est née en 1931 dans une famille ouvrière de l'Ohio. À 18 ans, elle entre à Howard, université noire du district de Washington, pour des études de lettres. Dans les années 1960, elle enseigne la littérature et commence à écrire. Son premier roman, L'Œil le plus bleu, *sort en 1970. Il raconte une année de la vie d'une fillette de la petite ville de Lorain (sa ville natale) qui rêve d'avoir des yeux bleus et se croit laide en raison de la couleur de sa peau. Elle en devient folle. Toni Morrison a reçu le prix Nobel de littérature en 1994.*

À un moment précis du temps et de l'espace, il sent qu'il n'a pas besoin de faire l'effort d'un regard. Il ne la voit pas, parce que pour lui, il n'y a rien à voir. Comment un commerçant immigré de cinquante-deux ans, avec dans la bouche un goût de pommes de terre et de bière, l'esprit tourné vers la Vierge Marie aux yeux de biche, la sensibilité émoussée par la conscience permanente de l'échec, pourrait-il voir une petite fille noire ? Rien dans sa vie ne lui a jamais laissé pensé que cela été possible, pour ne pas dire désirable ou nécessaire.

« Ouais ? »

Elle lève les yeux vers lui, et voit le vide là où devrait se trouver la curiosité. Et quelque chose de plus. L'absence totale de reconnaissance humaine – la séparation glacée. Elle ne sait pas ce qui retient ce regard suspendu ainsi. Peut-être parce qu'il est adulte, que c'est un homme et elle une petite fille. Mais elle a déjà vu de l'intérêt, du dégoût et même de la colère dans les yeux des hommes. Pourtant ce vide n'est pas nouveau pour elle. Il a quelque chose de blessant ; quelque part, sous la paupière inférieure, il y a du dégoût. Elle l'a vu tapi dans les yeux de tous les Blancs. Voilà. Le dégoût doit être pour elle, pour sa peau noire. Ici tout est mouvement et anticipation. Mais sa peau noire est immobilité et crainte. C'est sa peau noire qui explique, qui crée le vide marqué par le dégoût dans les yeux des Blancs.

Elle montre les Mary Jame du doigt – un petit morceau de doigt, l'extrémité posée sur la vitrine. L'affirmation calme et inoffensive de la tentative d'un enfant noir pour communiquer avec un adulte blanc.

Toni Morrison, *L'Œil le plus bleu*, Paris, Christian Bourgois éditeur, 1994 Trad. Jean Guiloineau

Les Noirs dans le cinéma américain

Jusqu'aux années 1960, le cinéma américain n'accorda aux Noirs qu'une place secondaire et stéréotypée. La situation changea lors du mouvement pour les droits civiques, qui poussa l'industrie du cinéma à donner des rôles importants à des acteurs afro-américains, et à traiter des questions brûlantes du racisme et de la place des Noirs dans la société américaine.

Dans la tradition des *minstrel shows*, ces spectacles populaires de danses, de musique et de saynètes burlesques hérités du XIXe siècle, les Noirs furent initialement représentés par des acteurs blancs grimés, les fameux *blackfaces*. Dans *La Cabine de l'oncle Tom* (1903) ou *Naissance d'une nation* de Griffith (1915), les personnages qu'ils interprètent sont stéréotypés : le domestique dévoué mais naïf, l'imposante nourrice, le musicien joyeux. Les acteurs blancs de *blackface* n'étaient pas nécessairement racistes. Le plus célèbre d'entre eux, Al Jolson (*Le Chanteur de jazz*, 1927), d'origine juive lithuanienne, était engagé en faveur de l'égalité raciale.

Dans les années 1930, les rares acteurs noirs étaient confinés dans des petits rôles de domestiques enjoués. Hattie McDaniel fut la première actrice noire d'envergure. Elle fit connaître ses talents de chanteuse et de comédienne dans plusieurs films à succès du moment, comme *Judge Priest* de John Ford (1934), ou *Alice Adams* (1935), avant de devenir célèbre avec le rôle de Mammy dans *Autant en emporte le vent*, qui lui valut un oscar du meilleur second rôle féminin. Une première pour une actrice noire. Même si certains sudistes blancs se plaignirent de la trop grande familiarité de Mammy et Scarlett O'Hara, les personnages noirs du film reprenaient une fois de plus les stéréotypes classiques sur les Noirs : la naïve Prissy et l'obéissant Pork.

Hattie McDaniel interprète une Mammy moins stéréotypée dans *Autant en emporte le vent.*

La situation changea un peu dans les années 1950, avec la sortie de films qui mettaient en scène des acteurs noirs dans des rôles inédits : dans *No Way Out*, de Joseph Mankiewicz (1950), Sidney Poitier joue le rôle d'un médecin aux prises avec des patients violemment racistes. Mais les acteurs noirs étaient très fortement discriminés : le cas le plus tragique est celui de Dorothy Dandridge, célèbre pour son rôle dans la comédie musicale *Carmen Jones* d'Otto Preminger (1954).

En 1967, Sidney Poitier interprète l'inspecteur Tibbs dans le film *Dans la chaleur de la nuit.*

Le tournant survint lors du mouvement pour les droits civiques. Les films engagés de Sydney Poitier au milieu des années 1960 marquèrent l'histoire du cinéma américain. *Dans la chaleur de la nuit* de Norman Jewison (1967) raconte l'histoire d'un policier noir, Virgil Tibbs (interprété par Poitier), chargé malgré lui d'enquêter sur un meurtre commis dans une petite bourgade du Mississippi suant le racisme. La même année, Poitier joue dans *Devine qui vient dîner ?*, l'histoire d'un couple « mixte » reçu à dîner chez les parents de la jeune fille blanche, de gauche mais opposés au mariage. Un film subtil, très en phase avec l'histoire puisque, la même année, la Cour suprême abolit l'interdiction des mariages mixtes, en vigueur dans une trentaine États.

Dans les années 1970, l'affirmation identitaire des Noirs fut visible au cinéma : la Blaxploitation, un cinéma noir joué par des Noirs, qui affirmait un style musical original (soul et funk), était principalement destinée au public noir.

Au cours des années 1980, la télévision américaine ouvrit les portes de son *prime time* à des comédiens noirs, et même à une série qui racontait la vie quotidienne des Huxtable, une famille noire bourgeoise : le célèbre « Cosby Show » (1984-1992). La série, qui subvertissait les vieux stéréotypes raciaux en présentant une famille noire attachante dans laquelle le public blanc pouvait se projeter, connut un grand succès populaire.

Parallèlement, au cinéma, les acteurs noirs accédèrent à des rôles de tout premier plan à partir du milieu des années 1980 : Morgan Freeman, Denzel Washington, Will Smith, Halle Berry figurent parmi les vedettes d'Hollywood. Parallèlement, le metteur en scène Spike Lee a proposé des films ancrés dans le monde afro-américain : celui des relations raciales dans les mondes urbains (*Do the Right Thing* ou *Jungle Fever*), de l'histoire des droits civiques (*Malcolm X*), et des documentaires (*Four Little Girls* ou *When the Levees Broke*). Tout en se félicitant des progrès accomplis, les associations noires américaines remarquent que le monde des producteurs de cinéma et, d'une manière générale, des décideurs de l'industrie du 7e art, demeure blanc, à l'instar d'autres mondes professionnels de l'industrie du spectacle.

Pap Ndiaye

L'acteur Bill Cosby et la famille de la célèbre série «Cosby Show», en 1985.

BIBLIOGRAPHIE

Il existe peu d'ouvrages en langue française sur l'histoire des Noirs américains, à l'exception de la période des droits civiques. Aussi la bibliographie ci-dessous est-elle pour l'essentiel constituée de livres américains non traduits.

Généralités

- Bacharan, Nicole, *Les Noirs américains. Des champs de coton à la Maison-Blanche*, Paris, Panama, 2008.
- Dawson, Michael C., *Black Visions: The Roots of Contemporary African-American Political Ideologies,* Chicago, University of Chicago Press, 2001.
- Du Bois, W. E. B., *Les Âmes du peuple noir*, Paris, La Découverte, 2007.
- Franklin, John Hope, *From Slavery to Freedom. A History of African Americans*, New York, MacGraw-Hill, 1999.
- Gates, Henry Louis (direction), *The Harvard Guide to African American History*, Cambridge, Mass., Harvard University Press, 2001.
- Marable, M., Mulling, L. et Spencer-Wood, S., *Freedom. Une histoire photographique de la lutte des Noirs américains,* Paris, Phaidon, 2003.

Reconstruction et ségrégation

- Foner, Eric, *Nothing but Freedom. Emancipation and its Legacy*, Baton Rouge, Louisiana State University, 2007.
- Hahn, Steven, *A Nation under our Feet. Political Struggles in the Rural South from Slavery ot the Great Migration*, Cambridge, Mass., Harvard University Press, 2003.
- Litwack, Leon F., *Been in the Storm so Long: The Aftermath of Slavery,* New York, 1979.
- Woodward, C. Vann, *The Strange Career of Jim Crow*, New York, Oxford University Press, 1955.

La Grande Migration et les ghettos du Nord

- Grossman, James, *Land of Hope, Chicago, Black Southerners and the Great Migration*, Chicago, University of Chicago Press, 1990.
- Greenberg, Cheryl Lynn, *« Or does it explode ? » Black Harlem in the Great Depression*, New York, Oxford University Press, 1991.
- Kusmer, Kenneth L., *A Ghetto Takes Shape: Black Cleveland, 1870-1930*, Urbana, Université de l'Illinois, 1976.
- Lemann, Nicholas, *The Promised Land: The Great Black Migration and How It Changed America*, New York, Vintage Books, 1992.
- Sugrue, Thomas, *The origins of the urban crisis : race and inequality in postwar Detroit*, Princeton, N.J. Princeton University Press, 1996.
- Diamond, Andrew, *Mean Streets: Chicago Youths and the Everyday Struggle for Empowerment in the Multiracial City*, 1908-1969, Berkeley, University of California Press, 2009.

Mouvements pour les droits civiques

- Arsenault, Raymond, *Freedom Riders: 1961 and the Struggle for Racial Justice*, New York, Oxford University Press, 2006.
- Branch, Taylor, *Parting the Waters. America in the King Years, 1954-1963*, New York, Simon & Schuster, 1988 ; *America in the King Years, 1963-1965, idem,* 1998 ; *At Canaan's Edge. America in the King Years, 1965-1968, idem*, 2006.
- Carson, Clayborne, *In Struggle. SNCC and the Black Awakening of the 1960s*, Cambridge, Mass., Harvard University Press, 1995.
- Morris, Aldon, *The Origins of the Civil Rights Movement. Black Communities Organizing for Change,* New York, Free Press, 1986.
- Ogbar, Jeffrey, *Black Power: Radical Politics and African American Identity*, Baltimore, Johns Hopkins University Press, 2005.
- Sugrue, Thomas, *Sweet Land of Liberty. The Forgotten Struggle for Civil Rights in the North*, New York, Random House, 2008.
- Tyson, Timothy, *Radio Free Dixie. Robert F. Williams and the Roots of Black Power*, Chapel Hill, University of North Carolina Press, 2001.

Situations contemporaines

- Obama, Barack, *De la race en Amérique*, Paris, Grasset, 2008 ; *Les Rêves de mon père*, Paris, Les Presses de la Cité, 2008.
- Pattillo, Mary, *Black on the Block: The Politics of Race and Class in the City*, Chicago, University of Chicago Press, 2008.
- Sabbagh, Daniel, *L'Égalité par le droit : les paradoxes de la discrimination positive aux États-Unis*, Paris, Economica, 2003.
- Skrentny, John D., *The Ironies of Affirmative Action : Politics, Culture and Justice in America*, Chicago, University of Chicago Press, 1996.
- Wacquant, Loïc, *Parias urbains. Ghettos, banlieue, État*, Paris, La Découverte, 2007.
- Wilson, William Julius, *The truly disadvantaged: the inner city, the underclass, and public policy*, Chicago, University of Chicago Press, 1987.

Cultures afro-américaines

- Guralnick, Peter, *Sweet Soul Music: Rythm & Blues et rêve sudiste de liberté*, Paris, Allia, 2003.

- Huggins, Nathan, *Voices from the Harlem Renaissance*, New York, Oxford University Press, 1985.
- Smith, Suzanne, *Dancing in the Street: Motown and the Cultural Politics of Detroit*, Cambridge, Mass., Harvard University Press, 1999.

Biographies
- Carson, Clayborne, *Martin Luther King. Autobiographie*, Paris, Bayard, 2008.
- Grant Colin, *Negro with a Hat. The Rise and Fall of Marcus Garvey*, New York, OUP, 2008.
- Johnson, C. Richard, *I have a dream.* Biographie de Martin Luther *King*, Paris, La Martinière, 2003.
- Oates, Stephen B., *Martin Luther King*, Paris, Bayard, 1985.
- Washington, Booker T., *Up from Slavery. Ascension d'un esclave émancipé*, Paris, Les Éditeurs libres, 2008.
- X, Malcom et Haley, Alex, *L'Autobiographie de Malcom X*, Paris, Grasset, 1993.

Témoignages et discours
- Etheridge, Eric, *Breach of Peace. Portraits of the 1961 Mississippi Freedom Riders*, New York, Atlas &Co, 2008.
- Hampton, Henry et Fayer, Steve, *Voices of Freedom ; An Oral History of the Civil Rights Movement from the 1950s through the 1980s*, New York, Bantam, 1990.
- King, Martin Luther, *Je fais un rêve*, Paris, Bayard, 1987.

Sites internet
- Site de la bibliothèque du Congrès : http://www.loc.gov/exhibits/african/intro.html
- Sites de références documentaires en histoire afro-américaine : http://www.people.cornell.edu/pages/elw25/aa_digital_archiveshome.htm http://blackhistorypages.com/
- Site de référence sur les droits civiques : http://crdl.usg.edu/voci/go/crdl/home
- Témoignages sur les droits civiques : http://www.voicesofcivilrights.org/index.html

TABLE DES ILLUSTRATIONS

COUVERTURE

1er plat Arrivée à la gare des participants à la Marche sur Washington du 28 août 1963.
Dos Martin Luther King en tête de la marche de Selma à Montgomery, mars 1965.
2e plat Barack Obama prêtant serment le 20 janvier 2009.

OUVERTURE

1 Martin Luther King prononçant un discours au Lincoln Memorial à Washington le 17 mai 1957.
2-3 Foule en face du Lincoln Memorial lors de la Marche sur Washington du 28 août 1963.
3h Martin Luther King prononçant un discours à Selma, le 22 février 1965.
4-5 Foule sur le National Mall lors de la Marche sur Washington du 28 août 1963.
4m Martin Luther King prêchant dans l'église baptiste d'Ebenezer à Atlanta, avril 1964.
6-7 Marche sur Washington de 1963.
7m Martin Luther King prononçant un discours, mai 1961.
8-9 Marche sur Washington de 1963.
8h Martin Luther King lors d'une conférence de presse à Cambridge (Mass.), 13 avril 1967.
11 La foule félicitant Martin Luther King à son retour de Stockholm, le 31 octobre 1964.

CHAPITRE 1

12 Lithographie de Gaylord Watson, New York, v. 1883. Washington, Library of Congress [LoC].
13 Gravure de Thomas Nast pour le *Harper's Weekly*, 24 octobre 1874.
14h Affiche de recrutement durant la guerre de Sécession, 1861-1864. New York Historical Society.
14b Régiment d'infanterie noire à Fort Lincoln durant la guerre de Sécession. LoC.
15 « Démobilisés », Little Rock, Arkansas, 20 avril 1865, dessin d'Alfred R. Waud, *Harper's Weekly*, 19 mai 1866. LoC.
16 La récolte du coton en Caroline du Nord, années 1860.
17 Affiche du Parti démocrate contre le Bureau des Affranchis, élections de 1866.
18h Blanche K. Bruce, sénateur du Mississippi, photo, 1865-1880. LoC.
18b *« The First Vote »*, gravure d'après Alfred. R. Waud, *Harper's Weekly*, 16 novembre 1867. LoC.
19 Robert B. Elliott prononce un discours à la Chambre des Représentants, lithographie, vers 1874. Chicago Historical Society.
20h Membres du Ku Klux Klan, Alabama, vers 1867. Fremont, Rutherford B. Hayes Presidential Center.
20b Membres du Ku Klux Klan, Watertown (N.Y.), vers 1870. LoC.
21 « Un vote en moins », gravure de Thomas Nast, *Harper's Weekly*, 8 août 1868.
22 Gravure parue lors d'élections dans le Mississippi en 1875.
23 École pour enfants noirs à Anthoston (Kentucky) en 1916, photo Lewis W. Hines. LoC.
24h Les Jubilee Singers de l'université de Fisk, années 1870.

24b Partition des Jubilee Singers, 1884. LoC.
25 Église de Louisiane vers 1900, photo François Mugnier. New Orleans, Louisiana State Museum.
26h Famille de métayers en Alabama en 1902, photo Frances Benjamin Johnston.
26b Frederick Douglass, photo vers 1875. Yale Collection of American Literature, Beinecke Rare Book and Manuscript Library [BRBML].
27 Maison de métayers en Virginie en 1899, photo Frances Benjamin Johnston.
28h Noirs dans une ville du Sud après la guerre de Sécession.
28b Noirs dans le Mississippi dans les années 1890. Jackson, Mississippi Department of Archives & History.
29 Quatre jeunes Noirs de Louisiane dans les années 1890, photo François Mugnier. New Orleans, Indiana Historical Society.
30b Carte des États du Sud. Édigraphie.
31h Miliciens blancs à Wilmington (Caroline du Nord) en 1898.
31b Extrait d'une affiche raciste publiée à Jackson (Mississippi) en janvier 1890.

CHAPITRE 2

32 La famille d'Emmet J. Scott au Tuskegee Institute, photo Frances Benjamin Johnston.
33 Couverture de la partition de *Jump Jim Crow*, lithographie, vers 1832. Harvard Theatre Coll., The Houghton Library.
34 « For the Sunny South », caricature, *Puck*, 26 février 1913. LoC.
35 Saloon d'Atlanta (Géorgie), photo *in* R. S. Baker, *Following the Color Line*, 1908. Schomburg Center for Research in Black Culture, New York Public Library [NYPL].
36h *« A political debate in the darktown club »*, Darktown Comics, lithographie publiée par Currier & Ives, vers 1884. LoC.
36b *Idem.*
37g *« The Negro: What is his Ethnological Status »*, pamphlet, 1867. LoC.
37d Planche tirée de l'article *« Comparative Anatomy of Races »* de Josiah C. Nott in *Types of Mankind*, Philadelphie, 1855. Coll. part.
38 Tableau comparatif des lynchages en 1906 et 1907 *in* R. S. Baker, *Following the Color Line*, 1908. Schomburg Center for Research in Black Culture, NYPL.
38-39 « En route pour le lynchage », photographe anonyme, vers 1890. New York, International Center of Photography, Gift Daniel Cowin, 1900.
39h Scène de lynchage dans l'Ohio, vers 1890. Yale Collection of American Literature, BRBML.
40h Carte postale commémorative de l'invitation de Booker T. Washington à la Maison-Blanche en 1901.
40b Booker T. Washington dans les années 1880. LoC.
41 Cours d'hygiène au Hampton Institute (Virginie) vers 1899, photo de Frances Benjamin Johnston. *Ibidem.*
42h Travail agricole au Tuskegee Institute (Alabama). *Ibidem.*
42b L'atelier d'imprimerie du Tuskegee Institute, photo Frances Benjamin Johnston, 1902. *Ibidem.*
43h Le laboratoire de chimie du Tuskegee Institute, *idem.*
43b Atelier de fabrication de matelas du Tuskegee Institute, *idem.*
44 Page de titre de *The Souls of Black Folks* de W. E. B. Du Bois, Chicago, A. C. McClurg & Co, 1903. Yale Collection of American Literature, BRBML.
45h Badge de la NAACP.
45b Photo-souvenir du Niagara Mouvement. Amherst, Special Collections Department, W. E. B. Du Bois Library, University of Massachussetts.
46h W. E. B. Du Bois dans son bureau de l'université d'Atlanta en 1909. *Ibidem.*
46b *The Crisis*, n° 2, New York, NAACP, décembre 1910. *Ibidem.*
47 Graphique de Du Bois pour l'Exposition universelle de Paris en 1900. LoC.
48h Fortifiant capillaire de Madam C. J. Walker Manufacturing Cy. Indianapolis, Madam C. J. Walker Coll., Indiana Historical Society.
48b Madam C. J. Walker au volant de sa voiture vers 1900. *Ibidem.*
49 Épicerie Underdown à Washington, vers 1904, photo Addison N. Scurlock. Scurlock Studio Collection, Archives Center, National Museum of American History – Smithsonian Institution.

CHAPITRE 3

50 Ouvriers noirs lors de la construction du Holland Tunnel à New York, 1924.
51 Couverture de *The Weary Blues* de Langston Hughes illustrée par Miguel Covarrubias, New York, A. A. Knopf, 1926. Yale Collection of American Literature, BRBML.
52h Une du *Chicago Defender*, 2 septembre 1916.
52b Caricature de l'agent recruteur lors de la Grande Migration.
53 Famille du Sud rural arrivant à Chicago, 1922, photo, *The Negro in Chicago; A Study of Race Relations and a Race Riot, by the Chicago Commission on Race Relations*, 1922. Schomburg Center for Research in Black Culture, NYPL.
54-55 Soldats du 369e régiment d'infanterie noire de retour à New York, 1919.
56 Camp de réfugiés lors de l'inondation du Mississippi de 1927. Jackson, Mississippi Department of Archives & History.
57h Ouvriers d'une usine de Pennsylvanie, 1907.

98 Martin Luther King prêchant dans l'église d'Ebenezer à Atlanta, 8 novembre 1964.
99h M. L. King et des militants des droits civiques à la Maison-Blanche, août 1963.
99b Martin Luther King et sa femme Coretta en tête de la marche de Selma à Montgomery, mars 1965.
100h Émeute de Newark (New Jersey), 1967.
100-101 Émeute à Brooklyn, juillet 1964.
102h Mohamed Ali lors d'une réunion de la Nation of Islam, 1966, photo Roger Malloch.
102-103b Tommie Smith et John Carlos aux jeux Olympiques de Mexico, 16 octobre 1968.
103h Malcolm X à Birmingham, 14 mai 1963.
103b Affiche du FBI, août 1970.
104h Huey Newton et Bobby Seale, San Francisco, juillet 1967.
104b Défilé des Black Panthers à Defermery Park, Oakland, 1969, photo Stephen Shames.
105h Badge du Black Panthers Party.
105 Militants faisant le salut du Black Power lors d'une manifestation pour le Black Panthers Party, années 1960.
106h Joan Baez et Martin Luther King accompagnent les enfants d'une école déségréguée de Grenada (Mississippi) en 1966.
106-107 Le balcon du motel Lorraine quelques secondes après la mort de Martin Luther King, 4 avril 1968.
107h Badge de la Poor People's Campaign, 1968.
108g L'actrice Pam Grier en 1974.
108d Richard Roundtree dans *Shaft* de Gordon Parks, 1971.
109g James Brown à l'Olympia en 1971.
109d Pochette du 33-tours *Say it Loud, I'm Black and I'm Proud* de James Brown, 1968.

CHAPITRE 5

110 Le candidat Barack Obama lors d'une réunion électorale à Saint Paul (Minnesota), 3 juin 2008.
111 Affiche sur la discrimination positive.
112 Tom Bradley, élu maire de Los Angeles, prête serment devant Earl Warren, 1er juillet 1973.
113h Carl B. Stokes, Walter E. Washington, Richard G. Hatcher et Robert Weaver, décembre 1967.
113b Shirley Chisholm dans son bureau du Congrès en 1970.
114h Étudiants diplômés à l'Université d'Harvard, 2005.
114b Badge en faveur du busing émis par le NSCAR.
115 Mae C. Jemison, 1992.
116 Michael Jordan, 1997.
117h Oprah Winfrey et Al Gore dans le studio de son talk show, 2005.
117b Halle Berry et Denzel Washington recevant un oscar le 24 mars 2002.
118-119h Enfants du Bronx, été 1971.
118 Famille sans abri de North Bergen (New Jersey), 1987.
120 Jesse Jackson, candidat à l'élection présidentielle de 1984.
121h Élection de Harold Washington à la mairie de Chicago, 1983.
121b Affiche du film *Little Senegal*, 2001.
122h Incendie lors des émeutes de Los Angeles, 31 avril 1992.
122b Vidéo amateur de l'agression de Rodney King, 3 mars 1991.
123 Signature de la Welfare Reform Bill par William Clinton, 21 août 1996.
124 Condoleezza Rice, Colin Powell et George W. Bush assistant à un congrès au Nigeria en 2003.
125 Réfugiés tentant de rejoindre le Superdome à La Nouvelle-Orléans, 1er septembre 2005.
126-127 Une du *New York Times*, 5 novembre 2008.
127h Barack Obama et sa famille le soir de sa victoire à l'élection présidentielle, Chicago, 5 novembre 2008.
128 La foule le jour de l'investiture de Barack Obama, Washington, 20 janvier 2009.

TÉMOIGNAGES ET DOCUMENTS

129 Jeune Noir vendant le *Chicago Defender* Chicago, 1942.
147 Langstone Hughes vers 1924. Photo Muray Studios. Yale Collection of American Litterature, BRBML.
150 Hattie McDaniel et Vivien Leigh dans *Autant en emporte le vent* de Victor Fleming, 1939.
151h Sidney Poitier et Rod Steiger dans *Dans la Chaleur de la Nuit* de Norman Jewison, 1967.
151b Les acteurs du *Cosby Show* en 1985.

INDEX

A

B

CRÉDITS PHOTOGRAPHIQUES

AFP 109g. AFP/Emmanuel Dunand 110. AFP/Luke Frazza 117h,124. AFP/Getty Images 2e plat. Alabama Dept. of Archives & History, Montgomery 84-85h. Beinecke Rare Book and Manuscript Library, New Haven 26b, 39h, 44, 51, 60h, 147. The Chicago Defender 52-53. Chicago Historical Society 19, 58. Coll. Prod. DB © Open City Films/DB 121b. Corbis 31h. Corbis/Bob Adelman 75, 94-95, 96b. Corbis/Lucien Aigner 71h. Corbis/Bettmann Dos, 2-3, 3h, 6-7, 8h, 17, 22, 28h, 50, 57h, 61h, 64, 65b, 66-67, 70-71, 72h, 72-73b, 73m, 77, 86, 88, 91h, 96h, 96m, 99b, 100h, 100-101, 103h, 103b, 107h, 112, 113h. Corbis/Bettmann/Frances B. Johnston 32. Corbis/Bettmann/E. F. Joseph 78-79b. Corbis/Bettmann/Paul Thompson 54-55. Corbis/Duomo 116 Corbis/Epa/Tannen Maury 127h. Corbis/David J. & Janice Frent Collection 40h, 45h, 68h, 89h, 105h, 114b. Corbis/Jacques M. Chenet 121h. Corbis/Lewis H. Hine 23. Corbis/Michael Ochs Archives 63h. Corbis/Steve Schapiro 8-9. Corbis/Flip Schulke 1er plat, 4m, 74, 98, 99h, 105. Corbis/John Springer Collection 62-63. Corbis/Ted Streshinsky 104h. Corbis/Sygma/J. – P. Laffont 118-119. Corbis/Peter Turnley 114h, 122h. Droits réservés 16, 37d, 52b, 111. Getty Images/Kevork Djansezian 128. Getty Images/CNN 122b. Getty Images/Don Cravens 83h, 84b. Getty Images/Hulton Archive 24h, 66h. Getty Images/Hulton Archive/Blank Archives 106b. Getty Images/Hulton Archive/MGM Studio 150. Getty Images/David Hume Kennerly 120. Getty Images/Michael Ochs Archive 151h, 151b. Getty Images/Time Life Pictures/Dirck Halstead 123. Getty Images/Time Life Pictures/Robert W. Kelley 94h. Getty Images/Time Life Pictures/Joseph Louw 106-107. Getty Images/Time Life Pictures/Bob Peterson 113b. Getty Images/Time Life Pictures/Paul Schutzer 1, 4-5, 7m, 89m. Getty Images/Time Life Pictures/Stan Wayman 82. Harpweek.com 13, 21. The Houghton Library, Cambridge 33. Indiana Historical Society, Indianapolis 48h, 48b. International Center of Photography, New York 38-39. The Kobal Collection, Londres 108g, 108d. Library of Congress, Washington 12, 14h, 14b, 15, 18h, 18b, 20b, 24b, 34, 36h, 36b, 37g, 40b, 41, 42h, 42b, 43h, 43b, 47, 57b, 64-65h, 70h, 76m, 76b, 78h, 80, 90, 91b, 129. Louisiana State Museum, New Orleans 25, 29. Magnum Photos/Leonard Freed 11, Magnum Photos/Bruce Davidson 81b. Magnum Photos/Elliott Erwitt 81h. Magnum Photos/Danny Lyon 89b. Magnum Photos/Roger Malloch 102h. Mississippi Department of Archives & History, Jackson 28b,56. The Montgomery Advertiser 85b. NASA 115. National Museum of American History, Washington 49. The New York Public Library 35, 38, 53, 59, 60-61, 68-69. Collection Gilles Pétard 109d. Eugene Richards 118. Rue des Archives 117b. Rue des Archives/BCA 87. Rue des Archives/The Granger Collection 26h, 27, 31b, 67h, 69d, 79h, 126-127. Rutherford B. Hayes Presidential Center, Fremont 20h. Sipa Press/Associated Press 93, 102-103b. Sipa Press/ Associated Press/Bill Hudson 92. Sipa Press/Associated Press/Lisa Krantz 125. Starface/Polaris/Stephen Shames 104b. University of Massachusetts, Amherst 45b, 46h, 46b. Dan Weiner 83b. White House Press Office/Cecil Stoughton 97.

ÉDITION ET FABRICATION

DÉCOUVERTES GALLIMARD
COLLECTION CONÇUE PAR Pierre Marchand.
DIRECTION Elisabeth de Farcy.
COORDINATION ÉDITORIALE Anne Lemaire.
GRAPHISME Alain Gouessant.
COORDINATION ICONOGRAPHIQUE Isabelle de Latour.
SUIVI DE PRODUCTION Géraldine Blanc.
SUIVI DE PARTENARIAT Marie Caner-Chabran.
RESPONSABLE COMMUNICATION ET PRESSE Valérie Tolstoï.
PRESSE David Ducreux.

LES NOIRS AMÉRICAINS, EN MARCHE POUR L'ÉGALITÉ
ÉDITION Isabelle de Coulibœuf.
ICONOGRAPHIE Anne Mensior.
MAQUETTE Vincent Lever.
LECTURE-CORRECTION Jean-Paul Harris et Pierre Granet.
PHOTOGRAVURE La Station graphique.

Pap Ndiaye, historien, maître de conférences au Centre d'études nord-américaines de l'École des hautes études en sciences sociales, a publié *Du nylon et des bombes. Du Pont de Nemours, le marché et l'État américain* (Belin, 2001) et *La Condition Noire. Essai sur une minorité française* (Calmann-Lévy, 2008), ainsi que de nombreux articles portant sur l'histoire des populations noires des États-Unis et de France.

Dépôt légal : mars 2009
Numéro d'édition : 162268
ISBN : 978-2-07-036040-6
Imprimé en Espagne par Grafos